今！人がつくる社会の活性化

――数字が示す現代社会の課題――

寺田　靖男

学文社

はじめに

　少子高齢社会は日本経済の将来に大きな影響を与える可能性をもっており，その一つが国民の経済不安であり，その結果からさらに少子社会の解決を遅らせている。かつての日本は技術の進歩に支えられアジア経済のリーダーとして先導してきたが，近年は大国である中国を始め東南アジアの国々も技術面の力をつけ，各国経済の発展はすばらしいものがある。そんな中で，今の日本の若者の生き方を考えてみると，将来日本はアジアの下請けにならないとも限らない。しかし，最近は各国とも経済不況にみまわれ回復の兆しがなかなか見えて来ない苦悩をかかえており，今後の東南アジアの経済発展もなかなか難しい。経済の発展はそれぞれの国の社会性や地域風土，宗教や国民性も影響している。この地域と経済の繋がりは，先進国欧州地域の人とは考え方にも違いがあり，経済パートナーとして協力していく場合は従来からの欧州との対応の仕方を少し変える必要がある。

　そんな中で最も注目すべきは13億人の民を抱える中国である。かつての日本は，中国を輸出市場として一方的な貿易相手国としていたが，最近の中国は技術力の向上とともに日本を貿易輸出国として政策の転換を図っている。いまこの国は日本向けに多くの農産加工物を始め，大衆向けの衣料，家電，IT製品等を輸出しており，これらの多くはかつては他の東南アジアに依存していた。この中国の強みは何といっても人材の豊富さと人件費の安さで，特に賃金は日本の20～30分の1といわれ，これがすべて製品単価に影響し，

日本の国内産より安く輸入できることである。かつてはこれらの役割が韓国、台湾、フィリピン等であったが、特に最近の韓国経済の後退は国の経済政策の失敗もあり、この国民批判を躱すために、国民の目を他の政治事犯に振り向ける労策を行っている。それが最近起こりだした第2次世界大戦の戦後処理問題や教科書問題などであり、国民意識をあおり国民の関心事の転嫁を図るべく画策をしている。自己責任を他人に負わせることにより自己への正当性を主張、自己努力をしないため、この国の経済の上昇は当分難しい。韓国国民の意識の変革がない限り上昇は望めない。

　今の日本の産業就労の中では、職種によって外国人労働者に負うところが多く、しかも経済上昇の限度が見えかくれする状態で、しばらく好転は望めない。以前いわれた3K職場（汚い・きつい・危険）などは外国人労働者に多く依存しており、これからは外国人自身が共同で会社を起こし、企業として仕事を請け負うようになり、かつての日本人が行っていた仕事を外国人企業に取って代わられる時代がくる。さらにいろいろな要望を含め国の政治にも関与するようになり、それが最近の外国人参政権運動であり、それを拒めない時期がすでに来ている。そうなった時に日本は経済面を含め外国人、特にアジアを中心とした人達のリーダー制を認めなければならない。今外国の、特にアジア地域を中心とした国々の技術もすばらしいものがあるが、それらの国のリーダーが国策として生かしていく政策に欠けているため独り立ちがなかなかできない。まだまだ技術の向上には外国依存が強く、自国での独立は難しい。さらにこの発展を阻害している大きな原因の一つに国民の個意識が強く、社会全体がなかなかまとまりにくいところがある。国のリーダー自身が自己財

力の隠匿に力を注ぎ，国全体が把握できないところに問題がある。これらの国は国民所得の上昇とともに自己能力を過信するところがあり，収入に対する要望だけが強いため，企業もこの国をなかなか当てにできないことがあり産業も減少ぎみである。その代替えとして日本は相手国を中国に振り向け，丁度中国の国策が外国からの技術導入を積極的に取り組み出したことと合致し，中国での現地生産システムに積極的に乗り出した。それが自動車や電気製品，アパレル衣料などで生産依存を中国に向けていく方針をとりだした。これが原因で日本の多くの産業が侵食され衰退せざるを得ない時代になり，その一例が繊維製品，特に下着を含めた衣料関係で，高級品を除きほとんどは中国を始めとしたアジア各国の製造品である。日本の繊維産業は大きな影響を受け廃業した企業も多い。さらに子供のオモチャ，遊具，ゲーム機，最近出店の著しいホームセンター等の販売品の電気製品を始めとした多くの商品は，中国を始めとした東南アジア製の商品である。中国は2001年11月，世界貿易機関（WTO）の加盟が決まり，日本経済はますます苦境に追い込まれる。特に通信・半導体は，今中国が最も力を入れている産業の一つで，日本の同産業への影響は大きく，そんな将来を見通し，ソニーは中国への進出計画を発表した。中国との技術提携で気を付けなければならないのは，国が広く国政がなかなか及ばないところが有り，金になることなら平気で偽物を作り堂々と輸出する企業もあり，秩序に欠け，商売上裏切られることも多く信頼度に欠けるところがある。中国政府も国際的に認められるため，これ等の企業に対し規制を強化してほしい。

　一方日本での自動車等も米国，欧州車が国産車と同じ価格で販売

され，特に若い世代は外国製品に弱く，そのため外国車に販売も押され気味である。ただ外国車についてはサービス面で不安感があるが，最近はサービス面も国内のメーカーとタイアップしており充実してきている。外国車は以前よりサービスや技術も向上し，デザイン的にもすぐれており，故障などの心配は少なく輸入台数も増加している。その例としてドイツのベンツ等はトヨタ自動車の海外輸出基地と競うように隣接して，愛知県の豊橋港に一大輸入基地が設けられている。豊橋市にしてみれば，市の重要な経済活性化には欠かすことができない事業としてさらに積極的な企業誘致を図っており，将来の日本経済はうかうかしておれないのが現況である。

　最近問題の出生率の低下は，各国の生活水準や文化の違い，経済の発達等が大きく関係しており，各国の対応の仕方や考え方もそれぞれ特色がある。子育てや子供に対する考え方もまちまちで地域によっても違いがあり，先進諸国や発展途上国によっても出生率の違いがある。特に問題となっているのは先進諸国地域で，生活水準の向上とともに社会環境の変化により子育て環境が必ずしも理想となっていないため，以前とは違った問題として関心が高くなっている。つまり子供にとって必ずしもバラ色の未来ではなく不安材料の多い将来の生活環境が待っており，親自身も子育てに自信がもてない人も多くなっている。経済の発展に伴う生活水準の向上は，子供にとっては物質的な豊かさをもたらし，医学の発達においても健康を維持できる環境ができたが，世帯規模の縮小や核家族化，女性の社会進出等，家庭環境における子育ても大きく変化し，子供には精神的な面を含め必ずしも成長によい環境とはいえない社会現象が現れている。

親子関係，遊びにおける友人，各種の塾の発展，さらに無制限といえるべきマスコミの金儲け主義の話題の取り上げ方など，精神面の子供の成長過程によい環境とはいえない社会のあり方があり，さまざまな面で子供に対して好ましい環境とはいえない。子供は育つ環境により精神面の成長も違いが出てくる。それが時には異常をきたしストレスとして蓄積され，解消方法がうまくできず，いじめや他人の物を平気で取ったり壊したりする状況をうんでいる。自分のおかれた環境に対する社会への抵抗としての自己表現で精神的にも成長できていない子供が多い。さらに悪化した場合，気分の発揚により平気で人を殺しても罪の意識を感じない人間性が育ってしまう。それが最近話題となっている未成年者の集団群集心理による暴行殺人等である。よく裁判で殺人を犯した人の精神状態が問題になり，裁判で減刑につながる場合があるが，そういう人を育てた環境にも大いに責任があり，それがおざなりにされている。さらに犯罪後も犯人の人権だけがクローズアップされ，犯人の人格を取り上げる無責任な自己中心主張運動家に刺激されたマスコミの扱い等が問題であり，殺された者の人格があまりにも論議されずに判決され，片手落ちとしか思えない裁判のあり方も問題である。一部の人の「人権」という主張に振り回されている自己保身の裁判官にも問題があり，犯罪者の人権がまかり通り被害者の人権が論議されないことが多く，無意識の内に裁判が犯罪の手助けをしていることになる。精神的に異常を生じた人を放置する世の中の反省が必要で，そのためには子供の健全な精神を育てる環境が大切で，次代を担う子供の成長は，親の喜びは勿論であるが社会にとっても次代の文化，経済の発展，社会保障の確保など他人事ではない大きな関心事として社会

全体で考え,対応することが必要である。子供自身が健全な環境の下で,人として社会の一員として尊ばれ,自らの可能性を十分伸ばし育つ環境を与えて行くことが今の大人に課せられた重要な課題である。健全な環境の醸成が今最も必要な時期であり,子育て支援のあり方を真剣に考えていかなければならない。時としてそれは保育や教育であり,働く環境であり,毎日生活する場としての住宅や地域社会のあり方,そして子育て費用の負担軽減など家庭経済の確立である。子供の健全な成長は将来の日本経済にとっても欠かすことができない。そこで日本の将来を,過去から未来の人口動態の推計と社会の動きの中で,官・民さらには国民一人ひとりが自己の役割を真剣に意識し行動することを願いながら,今おかれた社会環境を考えてみる。自分の将来を真剣に考え行動することができる人に未来はあるが,他人依存の人に未来はなく,どのように生きるか自分自身でしっかり考えることが大切である。

2002年7月

寺田靖男

目　　次

はじめに

第1章　今！日本の人口構成は　……………………………11
1　出生数の動向　　　　　　　　　　　　　　　　　11
2　合計特殊出生率の低下　　　　　　　　　　　　　13
3　外国の合計特殊出生率の推移　　　　　　　　　　14
4　出生率の高い県・低い県　　　　　　　　　　　　19
5　いびつな年齢別の人口構成（外国との比較）　　　22

第2章　考えよう出産の現状　………………………………25
1　出生の順位別構成割合と女性の平均出産年齢　　　25
2　出産は何歳が多いか　　　　　　　　　　　　　　27
3　出産児の体位　　　　　　　　　　　　　　　　　30
4　妊娠期間の変化　　　　　　　　　　　　　　　　31
5　人工妊娠中絶とは　　　　　　　　　　　　　　　32
6　周産期死亡とは　　　　　　　　　　　　　　　　35
7　乳児の死亡　　　　　　　　　　　　　　　　　　36
8　外国の乳児死亡　　　　　　　　　　　　　　　　38
9　外国の人口動向　　　　　　　　　　　　　　　　40

第3章　考えよう結婚の諸条件　……………………………42
1　平均初婚年齢　　　　　　　　　　　　　　　　　44
2　夫婦の結婚年齢　　　　　　　　　　　　　　　　48

3　未婚者の多い背景　　　　　　　　　　　　　　*49*
　　4　結婚の魅力と不利益　　　　　　　　　　　　*64*

第4章　考えよう女性の社会進出の現状 …………………*72*
　　1　女性の職場進出と家族のあり方　　　　　　　*72*
　　2　女性の社会進出と家事　　　　　　　　　　　*81*
　　3　女性の職場進出と家族の変化　　　　　　　　*85*
　　4　離婚観の変化　　　　　　　　　　　　　　　*91*
　　5　少子化を巡る外国の動き　　　　　　　　　　*100*

第5章　考えよう若者の意識 …………………………………*104*
　　1　結婚について　　　　　　　　　　　　　　　*104*
　　2　離婚について　　　　　　　　　　　　　　　*110*
　　3　家族関係　　　　　　　　　　　　　　　　　*111*
　　4　職業に関する意識　　　　　　　　　　　　　*122*
　　5　友人・地域社会　　　　　　　　　　　　　　*128*
　　6　余　暇　　　　　　　　　　　　　　　　　　*130*
　　7　社会関係　　　　　　　　　　　　　　　　　*131*
　　8　人　生　観　　　　　　　　　　　　　　　　*138*
　　9　日本の若者　　　　　　　　　　　　　　　　*141*

第6章　考えよう今後の日本経済 ……………………………*148*
　　1　日本の食糧事情・自給率と輸入　　　　　　　*155*
　　2　食糧品別輸入状況の比較　　　　　　　　　　*156*
　　3　日本経済の将来は出生率の上昇　　　　　　　*176*
　　4　高齢化社会の未来：出産がカギ　　　　　　　*213*
　　5　少子化・子育てに対する諸問題　　　　　　　*222*

6　経済成長の将来　　　　　　　　　　　　　　　*234*

おわりに ……………………………………………………*245*

第1章　今！日本の人口構成は

1　出生数の動向

　2001年の合計特殊出生率は1.33と過去最低となったが，これを見て人々はどんなことを感じたであろうか。多くの人は「生まれる子供が少なかったか？」と思う程度で，これが将来の日本経済に大きな影響を与えることは考えないし，子供が少ないこと以外の感慨をもっている人は少ないと思う。高齢化社会の心配は報道されてもどうしたらよいか方策もなく中途半端な報道だけに終わってしまっている。報道機関ももっと理論的に分析し，国民に知らせることも大切である。日本の将来人口を推論するには，過去の出生の状況と出生に伴う社会現象を見てみる必要がある。かつては第2次世界戦争後の昭和22年から26年に第1次ベビーブームがあり，その人たちが適齢期となり結婚，出産を迎えた昭和45年前後から50年までの第2次ベビーブーム，さらに第3次ベビーブームとして，平成10年位から現象が現れていることが推定できる。その前提として婚姻数を参考に出産状況をみていくことにより出生人口の推論もでき，さらにベビーブームを推論するためには社会情勢の変化，若者の意識変化，結婚環境の現状を加味し調整をする必要があり，その条件分だけブームの到来も変化し全体的に遅くなっている。

　出生数で一番多いのは昭和24年の約270万人，次いで23年・22年・25年生と続いている。出生数からみて第1次ベビーブームが昭和22年から26年頃で，さらに第2次ベビーブームが昭和45年か

表1　主な年の人口・婚姻・離婚・出生数と合計特殊出生率の推移

(単位：件・人)

西暦	年号	人口	婚姻件数	離婚件数	出生数	合計特殊出生率
1947	昭22	78,101,473	934,170	79,551	2,678,792	4.54
1949	24	81,772,600	842,170	82,575	2,696,638	4.32
1950	25	83,199,637	715,081	83,689	2,337,507	3.65
1960	35	93,418,501	866,115	69,410	1,606,041	2.00
1966	41	99,056,000	940,120	79,432	1,360,974	1.58
1970	45	103,119,447	1,029,405	95,937	1,934,239	2.13
1980	55	116,320,358	774,702	141,689	1,576,889	1.75
1990	平02	122,721,398	722,138	157,608	1,221,585	1.54
2000	12	125,588,787	798,138	264,246	1,190,547	1.34

出所）厚生労働省『人口動態統計』より

ら50年後の頃，これらから想定しさらに後掲表11の最近の平均初婚年齢を加味すると，第3次ベビーブームは平成10年位からになると推定できる。しかし，第3次年代が来ても出生数は第1次ベビーブームのように260万人や，第2次ベビーブームの200万人を超えることはない。せいぜい第1次の半数前後の120～130万人であろうと想定できる。この中で特徴的なことは昭和41年生の136万人でこの年は前後の出生数から比較すると50万人も落ち込んでいる。これは干支でいう「丙午」の年に当たり，昔からの因習を気にする人の多いことがうなずける。出生率は経済の動向にも大きく左右され，これは出生に関係する若い夫婦が経済の先行きに不安感を感じ，子供を出産することにためらいを生じ，手控える傾向がある。さらに，結婚の状況も変化し晩婚化やシングル症候群など一人暮らしの若者が多くなっている。これらのことは過去の出産に関するデータからも想定でき，昭和24年前後の第1次ベビーブーム以降，急激

に下降線をたどり，経済も恐慌の時代に入った。日本の主要産業の一つである自動車産業も当時は人員整理をする時代で，そんな不安感が大きく影響している。その後は朝鮮動乱により自動車産業は特需により活発化してきたが，35年には161万人までも出生数は落ち込んでおり，それ以降は41年の「丙午」の年を除き昭和45年第2次ベビーブーム年代に入り徐々に増加，昭和48年の209万人をピークに再び下降し現在に至っている。

40年代は急激な高度経済成長時代になり，雇用情勢も就職者が会社を選ぶ時代で，中学・高校卒業者など求人倍率が2～3倍で「金の卵」といわれ，自動車産業を中心としている地域の男性求人は5倍にも達している。当時の自動車製造現場は男性中心の職場であり，女性の就職先ではなかった。そんな経済の安定期間が続き，これが第2次ベビーブームの時代になった。第3次ベビーブームに入っている今は，経済成長率が望める要素も見込めず，出生率の上昇は期待できない。

2　合計特殊出生率の低下

単純に外国との出生状況を比較したり，将来の人口の伸びをみていく場合「合計特殊出生率」で比較していくと分かりやすい。この「合計特殊出生率」は15歳から49歳までの女子の年齢別出生率を合計したもので，一人の女子が仮にその年次の年齢別出生率で一生の間に生むとした時の平均の子供人数を表したものである。当然率が高いのは出生する子供が多いということであり，一般的に合計特殊出生率が2.08人を切ると人口の増加が望めないといわれている。しかし現実は高齢化社会になり，長生きする人が多く全人口の減少に

はなっていない。子供の出生率の低下による人口の減少を高齢者が維持しているわけである。このため後述する出生率の推移は経済的, 社会的条件, 文化的背景など, 種々の社会の仕組みに大きく影響される。

　昭和22年は4.54人で1世帯に子供が4人から5人いた時代である。これは第2次世界大戦直後は「子供を生めよ増やせよ」で, 戦争で多くの方が亡くなったのをカバーする意味もあり, いわゆる働き手の確保である。子供を多く生む意識は今の発展途上国にもあり, 当時の日本はそんな意識があった。現実の各国の出生人口を見てみるとそれがほぼ当てはまる。しかし, 今の時代ではそういう考え方にはならない。自由貿易時代の現在では経済成長は一国だけのガンバリでは成り立たず, お互いの国が競争する中で, いかに自国製品が外国に受け入れられるか, しかも労働のなり手は外国人を使ってでも自由にできる時代であり, 自国人による労働だけを頼りにしなくても経済成長は望める。さらに出生率に関しては経済の先行きに不安があると, 将来への展望に希望を見いだせず, 自分ないしは子供に苦労させることを望まなくなり, それが出生率への低下にもつながる。2001年は合計特殊出生率が1.33人と過去最低を記録した。このままいくと人口は減少していくばかりである。しかし統計的には人口がすぐ減少にはつながらないのは高齢者の増加によるもので, 高齢者の人口動向に注視する必要があるが, 子供の数は確実に減少している。

3　外国の合計特殊出生率の推移

　外国の出生率の状況を見てみても, 先進諸国はどの国も低下傾向

にある。しかし最近は子供を生み育てやすい環境づくりを国の政策として実施しているところもあり，徐々にではあるが出生率は上昇している。主な国の状況を見てみる。

◆ **アメリカ**　アメリカは1960年に3.64人が75年には1.8人に半減したが，1998年には2.06人に上昇している。この上昇には社会保障施策の充実が上げられるが，多民族国家であり制度以外に人種的に見てみる必要がある。人口1,000人当たりの出生率を，1980～85年の平均で見ると，白人15人に対し黒人21人と顕著に差が見られる。

この出生率の下降には女性労働力率の上昇があり，16歳以上の女性の労働力率が1950年の34％から86年には55％，労働力全体に占める率も29％から45％になり，労働の上昇とともに出生率も低下している。その後，社会保障政策の充実とともに徐々にではあるが出生率も上昇するようになった。しかしこれが1992年にたてた国際連合の将来推計値の予想出生率は1995年が1.88人と減少推計したが，実際は2.02人であり98年は2.06人と逆に上昇していって

表2　主な国の合計特殊出生率の推移

(単位：人)

	1960年	1970年	1980年	1990年	最　新　年	
アメリカ	3.64	2.46	1.84	2.08	2.06	1998
フランス	2.72	2.47	1.99	1.78	1.77	1999
スウェーデン	2.17	1.94	1.68	2.13	1.50	1999
イギリス	2.57	2.45	1.89	1.85	1.68	1999
西ドイツ	2.34	2.01	1.46	1.45	1.36	1999
イタリア	2.31	2.34	1.61	1.36	1.19	1999

出所）国立社会保障・人口問題研究所による

いる。日本は旧厚生省予測が1995年1.50人であるが，実際の数値は1.43人と予想より少ない出生率で推移している。推計はその後の社会保障制度により違いも出ており，推計の難しさがわかる。

◆　**スウェーデン**　　福祉国家といわれているスウェーデンも年々下降していき，1980年には1.68人となるが90年には2.13人まで上昇，しかしその後若干下がっており1999年には1.50人と低下している。国連推計では95年が1.85人と予測，ところが実際は1.74人で推計より少なく当てにならない。1990年に2.13人と一時的に上昇した背景には出産・育児環境の整備を実施したが，しかし世界最高水準の社会保障制度と引き換えに税負担は高く，負担率は平均的所得者で約40％，間接税や社会保険料を加えると約50％に達している。これが労働者の勤労意欲面に影響し，経済の発展が減速傾向を示すと同時に出生率を下降させている。この国の悩みの一つでもある。

◆　**西ドイツ**　　西ドイツは1985年に最低の1.30人となったものの，90年には1.45人まで上昇したが再び下降し1999年には1.36人である。ただこの国の統計は過去の歴史から比較しにくいところがある。第2次世界大戦に敗北し，米英仏の占領下としてドイツ連邦共和国（西ドイツ），ソ連の占領地としてドイツ民主共和国（東ドイツ）に分かれそれぞれが独自の国家政策をとってきたが，90年7月には東西ドイツが経済統合，そして10月3日東ドイツが西ドイツに編入の形で統一されたという経緯がある。そんな国情のため過去の統計を比較しにくいところがある。そのため推計値も西ドイツ時代の数値で推計されている。

◆　**イギリス**　　イギリスも連合国家であり正式名は「グレート

ブリテンおよび北部アイルランド連合王国」で，グレートブリテン島およびアイルランド島の北部からなり，地方によっては宗教紛争もある。政治・経済面でも先行き不安定のところが見られ経済は後退気味で，国連推計値も不安材料が多く推計が出されていない。合計特殊出生率は他の先進諸国と同様，1970年の2.45人が1999年には1.68人と低下している。この国が上昇を見るためには，経済面の活動を活発にすることが第一のような気がする。たとえばイギリスの統治下にある「香港」は1997年7月に中国に返還され，国際都市として交通面を中心に都市建設が活発であるイギリスからかなりの人が労働者として入国しているが，香港は経済が活発のため本国に帰るよりも将来も香港で活動したいというイギリス人が多くいると聞いている。

◆ **フランス**　フランスは1960年に2.72人が90年1.78人に，さらに1999年には1.77人と低下し続けている。国連推計値では95年に1.84人としているが実際は1.70人であり，この国も誇り高い国民の性格から，特に女性の独立心が強く社会への進出も高い。また離婚率が高く子供に対しては割り切った考え方をもっており，子育てに関して父親の存在価値は薄い。国民の男女の家庭に対する意識が変わらない限り出産の向上はあり得ないであろう。

◆ **イタリア**　ヨーロッパの先進諸国のうちで最も低い。出生率の落ち込みも1980年代から90年代が激しく，1999年には，1.19人まで落ち込んでいる。この国も他国同様経済面と福祉環境面の整備が課題である。

◆ **日　本**　日本の将来推計として，旧厚生省が1992年に発表した推計値によると98年が最低の1.36人で，その後徐々に増え

2015年には1.80人となっている。その後に政府系研究機関（NIRA）が94年に発表した出生率の推計は，2011年に1.30人に達した後，横ばいで推移すると発表し，日本の総人口推計では2004年の12,713万人をピークに減少し始め，2025年には11,575万人になるとしているが，この推計は厚生労働省の推計値より1,000万人少ない人数になっている。この推計値の差は社会状況の変化の見方の違いによるものである。厚生労働省の出生率低下は女性の晩婚化による第一子の出産の遅れを条件としているが，NIRAは晩婚化は止まっても女性の出産への考え方が変わらない限り減少するとしている。NIRAは子供の養育費や教育費など経済的要因が良くならないと向上にはつながらないとしているが，この試算によると，養育費など子供に掛かる経費が10％下がると出生率は0.23％上昇する。その他，育児環境整備として育児休業の有給化や保育制度の改善などによっても子供は増えるとみている。この推計は人口学的モデルによる推計と，米国のノーベル賞経済学者ゲーリー・ベッカー教授の理論「将来の経済成長は，現世代が子供の数，子供への投資，自らの消費のいずれを選択したかによって決まる」に基づいた経済モデルを組み込んで解析したものである。さらには社会情勢や自然界の環境変化，各国の政変による将来への期待感等による若者の意識の変革が必要である。

　子供の出生には宗教観も大いに関係するが，さらに発展途上国といわれている国々の出生は政変による権力争いや食料事情の悪化による飢餓状態，病気などにより世界で毎年1億人もの子供が犠牲になっている。それぞれの国の出産に対する考え方も，国によっては

再考する必要がある。戦争は国のリーダーの自己欲望から起こり，それらの国々では当然，育児環境も悪くなっている。子供の将来を考えると出産を控えることも必要で，戦争は生まれてくる子供に大人として責任と罪の意識を感じるべきである。米国ニューヨークのテロ事件に端を発したアフガニスタンのタリバンは94年に結成され「イスラム神学生による改革運動」と宗教に名を借り「聖戦」として住民を煽る戦闘集団である。一般市民は一部の権力の亡者に躍らされないように本当に自分の子供が将来住むにふさわしい国を作ることを認識すべきである。

4　出生率の高い県・低い県

国内の中でも県や都市の性格，産業形態によってかなり変化があるが，都市化されている地域の中でも住みよい環境かどうかによっても変化がある。農村地域，工業都市，商業都市，さらに最近注目されているのはテーマパークを中心として発展している商業観光都市等，都市の性格によっても違いがあり若者に注目されている都市は自ずから出生率も高くなっている。

出生率も経済発展と大いに関係があり，昭和30年代以前の高出生率の時代は都市で低く，郡部で高かった。それが経済の高度成長とともに若い人が都市へ都市へと集中し，それと同時に大都市やその周辺都市が高くなっていったが，反対に人口流出地域の農山村部では低下していった。当然，出産対象人口が少なければ当たり前のことであるが，昭和50年代から出生率は全国的に低下し，都市への集中も鈍り，地価の高騰により住宅建設地の確保が困難になった。そのため通勤時間が多少長くても地価の安い郊外へと移り住むよう

になり，大都市周辺地域が人口の増加を見ていた。がそれもほぼ増加の頭打ちから，さらに現在は低下傾向を示している。これは交通網の発達や，日本の中心産業の一つである自動車産業が若い労働者を大量に必要としていたからである。大企業を中心として工場の拡張や雇用の需要に合わせ生産面の分散化を図り全国展開を昭和55年前後から行っていった。そのため従来の工業地帯のイメージが分散化され，それと同時に人も分散していった。

　従来は「都市＝若い人が多い」という現象であったがいまこのイメージはくずれてきており，東京の中心区では人口の減少がでている。今若い人に人気があるのはテーマーパークを中心とした地域であることは各県の推移をみるとわかる。

　1970年頃から既にその兆候が現れ，表3に示すとおり出生率の高い県は埼玉・長崎・茨城・千葉・青森県等でこれらの県にとって

表3　都道府県別出生状況（合計特殊出生率の高い県と低い県の年次比較）

		1970年		1980年		1990年		1999年	
高い県	1位	埼　玉	2.35	沖　縄	2.38	沖　縄	1.95	沖　縄	1.79
	2	長　崎	2.33	島　根	2.01	島　根	1.85	福　島	1.63
	3	茨　城	2.30	福　島	1.99	鳥　取	1.82	島　根	1.61
	4	千　葉	2.28	滋　賀	1.96	福　島	1.79	山　形	1.59
	5	青　森	2.25	岩　手	1.95	滋　賀	1.75	佐　賀	1.59
全国平均			2.13		1.75		1.54		1.39
低い県	5位	鳥　取	1.96	京　都	1.67	千　葉	1.47	奈　良	1.23
	4	福　岡	1.95	大　阪	1.67	大　阪	1.46	千　葉	1.22
	3	富　山	1.94	北海道	1.64	神奈川	1.43	京　都	1.22
	2	北海道	1.93	高　知	1.64	北海道	1.43	北海道	1.20
	1	秋　田	1.88	東　京	1.44	東　京	1.25	東　京	1.03

出所）厚生労働省『人口動態統計』より

変わったのが，沖縄・福島・島根県でさらに山形・佐賀県等である。これらの県は元々県民人口の年齢別人口差の変化が少なく他の県が落ち込んだために上位にランクされてきただけであり，その例として鳥取県がある。鳥取県は低率県から高率県になっており70年には1.96人から90年1.82人と低下率の差が低く，他の県の低下が大きいため上位県にランクされただけで70年から90年の間に0.14人と低下しているだけである。その反対に千葉県はかつては高率に位置していたが90年には低率に位置し，現在との落差は1.06である。常に低位置の北海道は0.73人の率の低下である。この傾向は，現在の経済情勢の大きな変化がないかぎり変わることはないと思われる。

　大都市の出生率の低いのは若い人が少ないのではなく，世帯者つまり出産する対象者が少ないのであり，当然刺激の多い都市には多くの若者が集まっており，集まる要素も多い。都市には若い人が暮らす利便性と誰にも束縛されない自由な生活空間があり，拘束された生活より今の若い人には自由に楽しめる独身生活を謳歌する傾向が強く，こんな意識の変化で結婚に対する願望も減少していると思われる。

　しかし最近は女性の就職難により結婚願望意識が少しずつ上昇しているが，反対に男性の精神面の未熟度が取り沙汰されている。これらも少子化の影響で，親の子供に対する精神的な育成教育の欠如の現れで，親離れ，子離れしない人が多い。これは夫婦だけでは刺激が少なく子供に対して異常に関心が強い生活で毎日を過ごし生活に不安を感じている親と，親がかりの気楽な生活から抜けたくない子供の意識が強く，結婚する気持ちにはなかなかなり得ない。要は親も子供もお互いがもたれ掛かっている「もたれ合いの親子」の生

活から抜けることをしない甘えの構造があるからである。

　1995年の統計の中で山形県は出生率が伸びているが，この原因として東京への距離の短縮が図られた。東北新幹線の開通によるイメージアップの影響が大きい。交通面が良くなれば当然経済面も活発になり，それが県としての魅力の一つとなり発展性の要素と言える。

5　いびつな年齢別の人口構造（外国との比較）

　年齢別の人口構成を地域別に見てみると，出産に対する意識に違いがある。表4で国別に比較してみると，高齢化の高い率の地域は当然のこと子供の数が少ない。一般的に経済先進国の多い地域は子供の出生率が低く高齢者が占める率が高い。反対にアフリカを始めとした発展途上国は65歳以上の高齢者の占める率は低く一ケタ台である。これは平均余命とも関連があり，高齢化率の低い地域は出

表4　世界の地域別・年齢別人口構成推計

(単位：％)

年	1990年			2000年			2025年		
年　齢	0～14	15～64	65以上	0～14	15～64	65以上	0～14	15～64	65以上
日　　　本	18.2	69.7	12.1	15.2	67.8	17.0	14.5	59.7	25.8
ア ジ ア	32.9	62.1	5.0	31.6	62.6	5.8	22.6	67.8	9.6
アフリカ	45.0	51.9	3.1	44.4	52.6	3.0	34.8	61.1	4.1
ヨーロッパ	19.6	67.0	13.4	18.5	66.6	14.6	16.5	63.4	20.1
北アメリカ	21.4	66.1	12.5	20.0	67.1	12.9	17.7	62.4	19.9
南アメリカ	35.9	59.4	4.7	32.7	62.0	5.3	25.7	65.7	8.6
オセアニア	26.5	64.5	9.0	25.1	65.5	9.4	20.8	65.4	13.8
ソ　　　連	25.5	65.0	9.5	23.6	64.7	11.7	20.8	64.4	14.8
全 世 界	32.3	61.5	6.2	31.4	61.8	6.8	24.5	65.7	9.8

出所）厚生統計協会『人口の動向＝日本と世界』より

生率が高くなっている。

　日本の将来人口の推計を見てみると，1990年では14歳以下の子供の数が65歳以上の高齢者を上回っているが，1997年に逆転し2025年には10％以上も高齢者の数が上回ることが予想される。この表を見て考えなければならないことは多いが，国が諸事業を行う基礎は経済の発展をいかにするかであるが，生産年齢人口の15歳以上65歳以下の人の率が10％も下がっている。当然将来の年金制度を始めとして，福祉面の十分な確保も難しくなる。単純に考えても働き手に対する税負担を多くせざるを得ないし，財源不足では国政もままにならない。高齢者が多くなればその人達の生活維持のためにも働き手の確保が必要である。ところが，今の若い人達の間では子供はいらないなどといって将来のことを深く考えない人が多く，年金財源も不安があり将来の保証が懸念される時代になった。それでは自分が高齢者になったときの生活は誰が保証してくれるのか真剣に考えている人はいるだろうか。年金支給の財源は現在の加入者の掛け金と国の補助金が資金となっており，自分の掛け金がそのまま将来にわたって残っている訳ではない。制度として保証されているだけであって，確実に今の支給率が将来とも保証されるものでもなく，資金の確保もされていることではない。そのため自分の受給時に掛け金する人がいないと支給されないことになる。子供を生まない人は自分自身で退職後の生活を確保することが必要で年金で保障することができなくなり，受給するためには他人の子供が掛けた資金を当てにした年金生活になる。さらに2025年には労働人口とそれ以外の人の比率が1：1の割合になり，必ず一人が一人を扶養していくことになり，子供のいない人は自分を扶養する人がいない

ことになる。世界各地域の状況を眺めても，1990年と2025年の推移の中で，まず高齢者より子供の数の多い地区は，アジア・アフリカ・南アメリカ・オセアニア・ソ連で，現在の経済面で近代化の遅れている地域がほとんどである。これは平均寿命とも大いに関係があり2025年になっても65歳以上の人が1割にも満たない地域があり，アフリカの場合，高齢者が4.1％，14歳以下が35％と他の地域と比較し子供の数が多い。世界の平均は全人口の4人に1人が子供の数である。推計人口として約10％も子供の減少を見ている地域はアジア，アフリカであり，日本は子供の数が10％台は当然のこととして，ヨーロッパ，北アメリカで当然高齢者の比率も高い。これらの国々は自国の経済維持のためますます近代的な産業の高率化を図り，他の地域に遅れることがあれば国の財源破綻につながりかねない。しかしそれができるであろうか，努力が無ければリーダーの役割を降りなければならない。活気のない高齢国としてそのイメージを掲げなければならず，そうならないためには将来を担う若い人たちの意識改革をする以外にない。日本の2025年の生産年齢人口59％は，高校，大学生を含みさらには家庭に入っている専業主婦を含んだ割合で，実際働いている人は全体の40％位でこれでは年金財源もおぼつかない。将来の自分のために出生率を高める必要があり，子供がいなければ将来の経済そのものも維持がむつかしくなる。

第2章　考えよう出産の現状

　子育ては結構エネルギーが必要とされる。子育てを行う人の意識によっても違いがあり，義務的な意識で行う人と，楽しんで子育てを行う人では子供に対する意識や負担感に違いがある。さらに1人目を育てる場合と，2人目，3人目を育てる場合もそれぞれ違いがあり，2人目以降は1人目の経験が生きて対処の仕方も楽になる。

1　出生の順位別構成割合と女性の平均出産年齢

　この表は出生した子供が，その子の母親の何番目の子に当たるかを表したもので，1950年には234万人生まれた内，1人目の子供を生んだ人は27.2％，2人目を生んだ人は28％，3人目以上は44.8％で約2人に1人が3人以上の子供を育てている。ところが年々減少し，特に3人目の割合が急激に減少している。1970年には3人目を出産した人が15％と極端に少ないが，これは第2次ベビーブー

表5　出生数・出生順位別構成割合・出生時の母の平均年齢・結婚後1人目出生までの平均期間

	総数（人）	構成割合（％）			母の平均年齢（歳）				平均期間
		第1子	第2子	第3子	総数	第1子	第2子	第3子	（年）
1950年	2,337,507	27.2	28.0	44.8	28.7	24.4	26.7	29.4	
1960年	1,606,041	44.5	32.6	22.9	27.6	25.4	27.8	29.9	1.68
1970年	1,934,239	45.4	39.0	15.6	27.5	25.6	28.3	30.6	1.81
1999年	1,177,663	49.2	36.3	14.5	29.4	27.9	30.2	32.2	1.88

出所）厚生労働省『人口動態統計』より

ムになり，第1子ないしは第2子目の人が占める率が多く，たまたま全体に占める率として3人目が少ないだけである。1999年には3人目を生む人は7人に1人の割合になっている。単純に，このデータから推測すると8割の人が2人までしか生まないことになる。この2人までしか生まない理由にはいろいろあるが，晩婚により母親の出産年齢が上がり，30歳代になっての子育ては体力的・精神的に自分の生活にゆとりの時間が少なくなることなどを考え，出産を望まなくなってしまうことが大きな理由の一つでもある。最近は結婚しても夫婦だけの生活を楽しむため子供を産まない人や，遠距離別居生活で出産をしばらく見合わせる人，結婚しても経済不安で出産をためらう人，夫婦仲はよいが性的関係に嫌悪感が生じて結べない「性嫌悪症」等多様な夫婦が存在する。ある病院では来院者の29％が「性嫌悪症」でこれが最も多くこれでは子供はできない。さらに複雑な社会を反映して「ストレス症候群」で満足な夫婦関係ができないセックスレスも多く，その後離婚するなどがある。社会環境も複雑でさまざまな理由により，将来の子育て環境に不安をもち，経済的にも精神的にも将来に希望がもてない人がいるからである。これらは個人的なエゴも多く，自分の生活環境に対して努力を放棄した人とも受け取れる。しかし，出産や子育てに関する問題は個人の責任ばかりを責められず，国の子育て支援策や経済的援助策の遅れも指摘できる。結婚してから第1子を出産するまでの期間は1955年が1.68年で現代でもそんなには変化はない。しかし出産する母親の平均年齢は確実に上昇している。やはり結婚が遅いだけ出産年齢も上がっている。1999年の第1子の出産年齢には1955年当時では既に2人の子供を産んでいる。第1子の母親の平均出産年齢

の差を見てみると3.5歳の違いがあり，1999年の第1子が生まれて第2子を生むまでの年数差は2.3である。1960年の3人目の平均出産年齢は29.9歳でこのときの合計特殊出生率（平均子供を生む数）が2.0人，平均的には2人の子供しか産まないことになっているが，1990年の2人目の平均出産年齢が30.2歳で，1955年の3人目とほぼ同じ年齢であり，ただでさえ以前に比べ子供を多く生む意識が少ないのに高齢になれば当然出産する意識の低下もある。現在にあてはめると3人目を生む年齢が32歳を超えることになり，今の若い人の意識から当然出産するのに躊躇する。ある程度の年齢で出産し，後は自分たちが楽しむ時間に使いたいのが現在のファミリーの考え方である。それに核家族化の時代は，子育ての不安感や地域の保育園・幼稚園・小学校のPTA等周囲の人達との付き合いの煩わしさを考え，自分の時間が少なくなってしまうと感じる人が多い。さらに働いているとその時間帯に子供の対応をどうするか等悩みが多く，早く自分の時間を取り戻したいため生みあげも早くする意識が強い。出産・育児は結構体力がいるもので，出来る限り体力のある若いうちに出産や育児経験をすることは大切なことで，出産を促進する重要なポイントでもある。

2　出産は何歳が多いか

女性にとって出産は人生の大変な出来事であり，身体面と精神面のバランスのとれている20歳代から30歳代前半の時期に出産するのが一番よいといわれている。出産の多い年齢帯は1950年は20〜29歳で出生人員が142万人，1999年は25〜35歳で86万人で，1950年の60％相当の出産人員になっており，1950年の合計特殊出生率

が3.65人，1999年は1.34人で少子化の現象を現している。出産する年齢も1950年は20歳代から34歳代まで幅広く分布しているが，その中でも特に25歳代が多く，20歳代前半は25歳代の69％の出生数である。これを年代別に経年比較で見ていくと，20～24歳代の比率が落ちていき，25～29歳代に集中しており，さらに現在は30歳代に伸びていっていることがわかる。20～24歳代より30歳代の出産が多くなっていくのが1980年前後からで，当然後述の初婚年齢を見れば分かるが，結婚が遅くなっている分，出産年齢が高くなっている。1999年はこれが25～34歳に集中しており，20歳代前半の20～24歳は25～29歳の約3分の1であるし，30～34歳代も25～29歳の81％相当の39万人も出生しているが，これが1950年は62％相当で50万人の出生人員である。しかもこの1950年の30歳代は3～4人目の子供である。最近は35歳以降も出産全体に占める率も高くなってきており，単に晩婚だけなら30歳代で出産し終えるがそれ以外の理由によるものが想定できる。晩婚者で出産の意志が薄かった人が年齢とともに将来のことを考え，夫と2人だけの生活が味気なく思え子供のいる家庭を期待し，高年齢出産に挑戦した人がいることがうかがえる。将来夫婦2人だけの精神面の不安感や生活の張りを考えると，子育ては大変だけどそれをあえて行うことが一般社会の一員として当然と認識した人も多い。さらには熟年離婚が話題になっている最近の風潮から，老後の退屈な生活を思い出産を考えたり，食生活や環境変化により精神面のストレス増により体調のバランスをくずし，それが精神面からのホルモンバランス不調により生殖機能の低下などが起こっている。

　さらに男性も能力主義による企業社会になかなか適応できなく，

若い夫婦でも性的感情の低下によりセックスレス生活や，肉体的に不妊に悩んでいる人も多くいる。さまざまな治療も行いようやく出産できた人等，医学の発達により人工受精などさまざまな生殖医療も行われるようになった。さらに10代の出産も増えつつあるが，これは興味半分の週刊誌の影響による性知識情報の氾濫により，子ギャル（高校生）や孫ギャル（中学生）と呼ばれ，10代の若年齢に関係する性犯罪も増えている。こんな社会背景も影響し安易な結婚から生活観が合わず出産しても若い内に離婚する人も増加している。

さらに具体的に出産順位別に見た各年齢の出産状況を表しているのが表6であり，1人目の子供は1950年代は半数以上が24歳までに出産している。それが60年頃から徐々に年齢幅が広がり最近は25～29歳に対象年齢が移っている。1999年は半数近くが25～29歳であり，30歳からの出産も徐々に増えている。

2人目の子供の出産年齢は25～29歳が多く1950年は49％，それが60年59％，70年が60％と徐々に高くなり，さらに30～34歳で出産する人も多くなっており，高年齢出産に移っていくことが分か

表6　出生順位別にみた母の年齢別出生数構成割合

(％)

年　齢		～19	20～24	25～29	30～34	35～39	40～44	45～	総数
1950年	第1子	7.8	56.7	28.0	5.8	1.5	0.2	0.0	100.0
	2子	1.0	33.6	49.2	12.9	2.8	0.5	0.0	100.0
1970年	第1子	2.1	45.6	43.3	7.0	1.8	0.2		100.0
	2子	0.2	13.6	60.2	21.9	3.7	0.4		100.0
1999年	第1子	2.9	21.1	47.0	23.2	5.2	0.6		100.0
	2子	0.3	9.1	38.4	40.4	10.7	1.0	0.1	100.0

出所）厚生労働省『人口動態統計』より

るが，結婚の高年齢化傾向と比例している。

若過ぎる出産や年齢の高すぎる出産は，医学的にみても障害を伴う率も高い。人の成長過程も出産に適した体勢バランスや心の充実した適性年齢期があり，出産しただけでは子供は育たない。出産後の育児成長過程も健全な心身の充実している両親のもとで育てられることが理想であり，この機会を逃さないためにも適期に結婚し出産することが必要と思われる。

3　出産児の体位

最近の若い人は栄養も十分であり，体格もよくなっているが，親の体格の良し悪しと生まれる子供の体位にはほとんど差がなく，親の外見上の体格と出産児の体重は比例していない。厚生労働省の「人口動態統計」の「性別にみた出生構成割合の比較」で見てみると平均体重は男女とも1980年頃が現在の各項目とも体格的にも優れている。1980年の平均体重が男3.23 kg，女3.14 kgであるが，1999年は男が3.08 kg，女が3.00 kgで親の体格がよいはずの現在より80年代の出産児の体格がいいのは，今の若い人の食生活に問題があり母親の成長過程における体格形成の栄養バランスがとれていないことが考えられる。特に出産に伴う諸機能の成長面で，一番大切な基礎栄養バランスの必要な時にスタイルを気にするあまり，バランスの良い食生活を行っていないことや，偏食による成長ホルモンのバランスが崩れていることも原因と思われる。今の出産年齢の母親は第1次ベビーブーム世代の人で，成長時代は食生活もそんなには豊かではないが，今の加工食品を中心とした食生活より自然に富んだ食生活をしていたと思う。今の食品は人の成長に伴う栄養バ

ランスから見ると必ずしも最適かどうかいえないところがある。それが不妊症や出産に伴う生殖ホルモンのバランス障害として現れている可能性がある。しかし，妊娠には当然男性も関連があり，男性の生殖機能の能力も健全化が求められている。最近の若年男性には健全な精子の後退が見られる人が多く，成長期の栄養バランスが問題である。さらに急激な社会変化や環境変化により精神面のストレスの増加に影響され体調変化も大きく，生殖機能の低下がいわれ先進諸国の人ほどこの影響を受けている。男女とも低体重児の指数は80年代より高く，低体重児が多いということは生まれてくる子供の障害児も増えることになる。現在の成人は将来の子供のことを考え，真剣に食生活の改善を図ることが大切である。この子供等は今の人と同じ平均寿命まで将来生きられるかどうか不安材料は多くあり，出産を望むのなら栄養学的見地からも食生活改善は今後の重要な研究課題であり興味あることである。

4　妊娠期間の変化

　出産に伴う妊娠期間は出生する子供には大切なことで，母親の胎内で必要な栄養素が十分補給されていれば良いが，これがされていないと子供の成長過程にも大きく影響する。母体が健康であり栄養バランスも十分取れていて，さらに必要な妊娠期間中母体の中でじっくり育まれていれば良いが，それが不足していると何らかの障害となる可能性がある。必要な妊娠期間は一般的には十月十日，約40週前後であるが，昭和54年からは第9回修正国際疾病分類を適用し，従来は「妊娠何カ月」といっていたのを「妊娠満何週」と表現するようになった。そして出産期を大きく3つに分類し「早期

（満37週未満）＝早産，正期（満37週〜満42週未満）＝満期産，過期（満42週以上）＝遅産」と区分し，妊娠期間がどのような状態で生まれてきたか判断できる。

　出産する人の妊娠期間別構成割合を年次比較で見てみても，39週を中心とした正期と，36週以前の早期の対象者が多くなっており，反対に過期が低くなっているのは医学的な進歩により適期（正期）に人工的に出産を促す配慮がされているからである。一般的に適期が過ぎると母体に負担が増すため，計画出産することが多くしかも曜日まで指定する親もいる。早期の出産では当然のことながら低体重児が多くなり，育児の負担も増すし，出産に伴う障害も多くなっている。今は早期出産の未熟児でも医学の発達により，昔では生きられない未熟児でも十分育てることができ，そのため多少の早期出産でもあまり危険を意識しなくなっていることも事実である。しかし機械のみによって生かされている感がしなくもない障害をもった子もいる。本当に生かすことが本人の幸せにつながるか考えさせられることもあり，親としてしっかり考えることが必要な気がする。このような人のためにもっと社会全体の人が障害者の事実を直視し，国もこの子の親亡き後のことも真剣に考えて，将来も暮らしていける社会構造をつくることが大切である。

5　人工妊娠中絶とは

　受胎したが親が希望に反した受胎だったり，諸事情により，やむなくあえて人工妊娠中絶したため，この世に生まれ出られなかった子供がどのくらいいるか知っている人は少ないと思う。1999年では34万人弱であり，出生数の29％に相当する。この数値は優生保

護法による届け出があった統計数値であり、実際はこの倍以上の人数がいることが70年頃の数値を見た場合の想定でも分かる。最近の性のモラルの乱れが若年化しており、犯罪もふえ表面化しない部分も多いからである。この統計の優生保護法は昭和23年に施行され「優生上の見地から不良な子孫の出生を防止するとともに、母性の生命健康を保護することを目的とする」とされており、一定の範囲内での人工妊娠中絶を認めることとされている。これを行う場合はまず本人及び配偶者の同意を原則として、「本人の精神的な疾患や四親等以内の血縁者に遺伝性精神疾患がある場合、妊娠及び分娩が母体の生命に危険及び健康障害を及ぼす恐れのある場合」等に認められている。

この遺伝性精神病はこの法律の中で規定されており、例えばハンチントン氏舞踏病を始めとして、これらの病気が親族の中にいる場合である。

1955年、中絶数は117万人であるが、これは、この年の出生人数173万人の67％に相当する。このうち90％以上が妊娠11週以前である。医学の進歩により早い時期に妊娠が分かるようになった。母体の負担が比較的軽い2カ月以内のいわゆる妊娠初期に処置している。これらは死産統計とは別の数値である。職業上、地方自治体の第一線で母子家庭の相談をしているといろいろの事例がある。

表7　人工妊娠中絶数推移

	1955年	1980年	1999年
人工妊娠中絶数	1,170,143人	598,084人	337,314人

出所）厚生労働省『衛生年報』優生保護統計報告より

当市の相談事例の中には15歳の少女が興味本位のテレホンクラブで知り合った男性と付き合い，家出をし，出産間際に実家に帰って来て出産，出産後も子供を残したまま再びどこかへいってしまったという話もある。最初はそのうち帰ってくるだろうと思いつつ家族は警察にも届け出なかった。女性の両親から，本人がなかなか帰って来ないので出産児の戸籍の親権者問題，児童扶養手当，健康保険等の相談があった。これなどは女性の親の子育て環境や，家出の際の家族の接し方にも問題がある。しかも不特定多数の男性と性交渉をもち，生まれた子供の父親が誰だったか本人も分からない等，妊娠に対する知識，出産することの責任感など全くなく，このような若年者が増えつつある。このような人が結婚し家庭をもっても子供への愛着もなく幼児虐待にもつながりかねない。この等の例などは自分の育った環境を無意識のうちに自分も同じ道を歩む結果になり，家庭をもった場合でも子育てに自分が育った環境を重ね合わせていることが多い。離婚家庭で育った人は結婚しても離婚する人が多い様子が相談事例からもうかがえる。さらに17歳の同様な相談事例の子の例もあり，これらは十分な性に関する知識や教育も受けないままに，世の中に氾濫している興味本位の雑誌やマスメディアによる媒体をとおして，異性に興味をもち経験へと導かれている。さらにテレクラで知り合い，殺人に発展することもある。やはり時代の流れとともにこれを避けることができないとするなら，しっかりした知識の付与を早いうちからつけることが必要であろう。最近は，国もその点に注目し，性教育を小学校から取り入れている。

6 周産期死亡とは

　死産の原因には，児側と母側を原因とする病態がありこの両面を統計として見ている。児側を病態とするものには「周産期に発生した主要病態」と「先天異常」とがある。この周産期とは妊娠28週から産後1週間のことをいい，この間の死亡もかなりあり，戦後はこれが多く10万人余あったが，現在では医学の進歩により減少している。兵庫県はそれらに注目して「周産期医療センター」を作った。このセンターは母体と新生児の救命を目的とした施設で，未熟児，外科系異常などのハイリスク児，切迫流早産や多胎妊娠など高度医療が必要な人のほか，母体収容など一体的な治療・管理を行うためである。しかも24時間体制で行っている。病床数は120床で，新生児・母体搬送マニュアルを一体化した周産期医療搬送マニュアルを作成し，システムの充実を図っている。表8は周産期死亡率の国際比較であるが，この周産期死亡は母親の健康状態に大きく作用される。これはWHOの提唱により国際比較用の標準統計資料として，分子，分母を出産体重1,000g以上の胎児及び新生児に限定して出産及び死産を対象とした統計数値である。1955年頃の日本は高い数値を示していたが，医学の進歩により近年は先進諸国と比較しても最低の死亡率となっている。この統計を見ても周産期に対する対応の進歩は日本がトップだと自負できる。ドイツも日本と同様努力しているが，アメリカ，イタリア，オランダの国はまだまだ改善の余地がある。このなかでもアメリカ，オランダは妊産婦に対する新生児の対応が少し遅れている感じがする。

　ではこの病気の原因はなにかということであるが，主病名として

表8 周産期死亡率の年次推移—国際比較 (出生千対)

	1955年	1980年	1999年		
			総数	妊娠満28週以後死産	早期新生児死亡
日　　　本	43.9	11.7	4.0	2.7	1.3
アメリカ	30.4	14.2	8.9	4.5	4.3
フランス	29.6	13.0	7.3	5.0	2.2
ド イ ツ	44.1	11.6	6.5	4.3	2.2
イタリア	46.2	17.4	8.9	5.2	3.7
スウェーデン	28.4	8.7	5.5	3.7	1.8
イギリス	28.3	13.4	8.3	5.4	3.0

出所）厚生労働省『人口動態統計』WTO・UN統計より

は出産時の外傷，低酸素症，分娩仮死及び呼吸器病態のほか，新生児破傷風カンジダ感染・敗血症等が上げられる。

　子供側の病態で見ると「周産期に発生した主要病態」が77.3％，「先天異常」が20.3％である。その他「呼吸器病態」「低酸素及び分娩仮死」「呼吸窮迫症候群」等である。次に母側病態から見てみると，「胎盤・臍帯及び卵膜の異常による胎児又は新生児の障害」が27.0％，「母体の妊娠異常」により胎児や新生児に障害を与えたものが9.3％，「現在の妊娠とは無関係の場合もあり得る母体の病態」が5.3％，「その他の分娩異常」が3％の順になっている。この原因を見た場合，妊娠予定の女性は常日頃から健康には十分気を使い，さらに妊娠した場合は，自分だけではなく胎児のことも考えた健康と栄養の配慮が大切である。

7　乳児の死亡

　乳児とは生後1歳未満の子供のことをいい，乳児死亡の要因は先天的のものと，後天的なものに大きく分けられる。出生後半年くら

いは環境に対する適応力が弱く,妊娠,分娩からの影響もあり不安定な時期でもある。早期新生児の1週間未満の死亡は,先天的な要因が多く,これ以降は細菌感染や不慮の事故など後天的な要因によるものが多くなる。

統計上では出生千人に対しての率で表す。国際的にもこの算出方法で取り上げられ,比較されている。比較判断すると,母親の栄養,生活環境,健康状態,養育の条件等の強い影響を受けるため,その地域の医療衛生面や食生活の良否,さらには経済,教育を含めたその国の社会状態を反映する指標の判断材料の一つに考えられている。

乳児の死亡も医学の進歩により減少しているが,ただこの減少を全面的に喜べないこともある。医学の進歩は人を生かすことに主眼がおかれ,従来は当然死亡するような障害をもった乳児も,生命を維持できるようになり,悪くいえば生かされている乳児も多くいることを忘れてはならない。さらにどんな原因により死亡するのか,死因別に分析してみると,食生活や健康面等,現在社会の環境面の悪化の一端を見ることができる。

1950年代は乳児死亡の第1位は肺炎だったが,1975年からは先天異常が第1位で,次いで低酸素症等を原因とする死亡が上位にランクされてきた。全体的には病気治療の進歩がうかがえるが,人格の根幹にかかわる先天異常や低酸素症・分娩仮死・呼吸器病態等は著しく減少しているとはいえない。これにはさまざまな原因が考えられるが,何よりも生活環境の変化によるものが大きいと考えられるが,薬害,環境汚染など社会環境の悪化により母体が何らかの影響を受けた結果として,発育不全や機能障害になっている傾向がある。

8 外国の乳児死亡

　日本は昔から乳児の死亡が低かった訳ではなく，戦後の急速な医学の進歩により，各国に例のないほどの低下率を見せ，その結果として欧米諸国と肩を並べるまでになった。これは，医学的な進歩とともに生活環境の向上によるところが大きい。また情報化社会で居ながらにして各種の情報が自然に入ってくるため，より良い方法を選ぶ条件ができている。

表9　乳児・新生児死亡率の推移（出生千対）

	乳児死亡率			新生児死亡率	
	1950年	1980年	最新年	1980年	1999年
日　　　本	60.1	7.5	(99) 3.4	4.9	1.8
ア メ リ カ	29.2	12.6	(97) 7.1	8.5	4.8
フ ラ ン ス	47.1	10.0	(97) 4.8	5.8	3.0
ド イ ツ	55.5	12.6	(97) 4.9	7.8	2.9
イ タ リ ア	63.8	14.5	(97) 5.5	11.1	4.9
スウェーデン	21.0	6.9	(97) 3.7	4.9	2.5
イ ギ リ ス	31.2	12.1	(97) 5.9	7.7	3.9

出所）厚生統計協会『国民衛生の動向』2001年

　なお，交通機関の高速化等により移動時間の短縮が図られ，条件のよい医療機関への選択と治療が可能になったことも大きな理由である。単純に数値比較しても外国より進歩の度合いが高い。日本の母子保健の進歩は，GHQ（占領軍総司令部）の指示と援助により飛躍的に進歩した。まだまだ母子保健行政も改善しなければなならないことは多くあるが，乳児死亡率では世界で最低率国になっている。今後も少子化，核家族化の進行や都市化，女性の社会進出等により，子供を生み育てる環境は大きく変化してくるであろうが，さらに必

要なのは育児環境の充実で、女性が働きながらでも出産育児が自由に選択できる環境づくりである。従来のように育児は母親の役割と決めつけずに父親も分担するのは当然で、育児休業も父親が自由に取れる社会環境と意識変化が必要である。また企業も育児休業がとれる勤務形態を配慮することが必要である。さらに育児に関して世界保健機構は、母乳で育てることを提唱しており、母乳栄養に関する推進スローガンがある。これは乳児の発育、健康の維持増進のため必要な栄養素が母乳には最適な状態で含まれていることを掲げており、母乳は病気に対する抵抗力も強く、精神的、情緒的発達等母子相互の観点からその重要性が世界的に見直され、昭和49年に「乳児栄養と母乳哺育」の決議を受け昭和50年に3つのスローガンを掲げた。

①出生後1.5カ月までは、母乳のみで育てよう。
②3カ月までは、できるだけ母乳のみで頑張ろう。
③4カ月以降でも、安易に人工ミルクに切り替えないで育てよう。

★母乳育児を成功させるための10カ条

（1989年3月14日 WHO／UNICEF 共同声明）

1　母乳育児推進の方針を文書にして、すべて関係職員がいつでも確認できるようにしましょう。
2　この方針を実施するうえで必要な知識と技術をすべての関係職員に指導しましょう。
3　すべての妊婦さんに母乳で育てる利点とその方法を教えましょう。
4　お母さんを助けて、分娩後90分以内に赤ちゃんに母乳をあげられるようにしましょう。
5　母乳の飲ませ方をお母さんに実地に指導しましょう。又、もし赤ちゃんをお母さんから離して収容しなければならない場合にも、

お母さんに母乳の分泌維持の方法を教えましょう。
6 医学的に必要でない限り，新生児には母乳以外の栄養や水分を与えないようにしましょう。
7 お母さんと赤ちゃんが一緒にいられるように，終日，母子同室を実施しましょう。
8 赤ちゃんが欲しがるときは，いつでもお母さんが母乳を飲ませてあげられるようにしましょう。
9 母乳で育てている赤ちゃんにゴムの乳首やおしゃぶりを与えないようにしましょう。
10 母乳で育てるお母さんのための支援グループ作りを助け，お母さんが退院するときにそれらのグループを紹介しましょう。

この10カ条は，母親が赤ちゃんを母乳で育てられるように産科施設とそこで働く職員が実行すべきことを具体的に示したものです。

9 外国の人口動向

表10は，出生・死亡の国際比較であるが，諸外国と比較して日

表10 出生・死亡の国際比較（人口千対）

		出 生		実 数	
		実 数	率	実 数	率
日 本	97)	1 191 665	9.5	97) 913 402	7.3
アメリカ	97)	3 914 953	14.8	96) 2 322 256	8.8
メキシコ	96)	2 707 718		96) 436 321	4.5
イギリス	92)	733 275	12.5	96) 638 896	10.9
イタリア	97)※	539 541	9.4	94)※ 562 303	9.8
スウェーデン	97)※	89 171	10.1	97)※ 92 674	10.5
ドイツ	97)※	791 025	9.6	97)※ 851 256	10.4
フランス	96)	735 300	12.6	96) 536 800	9.2
ロシア	95)	1 363 806	9.2	96) 2 082 249	14.1

注）※は暫定値
出所）厚生労働省『人口動態統計』WTO・UN資料より

本は人口から見た乳児出生率は低く少子化を表している。

　出生実数は，アメリカが400万人弱，メキシコ270万人，ロシア136万人と多い。この表以外の地域的ではアフリカの国々が多く，人口比40％強の出生人数がある。出生人員の多いアフリカは出生する子供も多いが死亡率も高い。これは保健衛生や生活習慣・食生活・文化宗教・産業経済等の発達の遅れや，民族間の紛争による長期の内戦等で，国の経済が破綻寸前になっており国民に対する政策面が全く対応できていない現実がある。一部の指導者のためにその国の住民が生死にかかわる危機にさらされている国が多い。その紛争の裏には，先進国の犠牲になっていることも多い。つまり先進国は経済発展のため自国以外の国の政治に関与し，それが貿易の拡大を図り自国経済の発展を図っているのである。紛争に伴う武器等はほとんど経済先進国で開発され，その貿易相手国の後進国の経済に影響を与えており，最終的な犠牲者が紛争に巻き込まれたその国の住民である。

　1996年11月にイタリア共和国で行われた「世界食料サミット」でも，アフリカ諸国では「毎日8万人の幼児が餓死する恐れがある」といわれていた。さらにアフリカ南部地域では栄養不良により，子供の3人に1人が5歳未満で亡くなるといわれている。今飢餓や栄養不良で世界で8億人以上の人達が食糧不足の危機にさらされている。

第3章　考えよう結婚の諸条件

　日本人の意識では子供を出産するためには，結婚という形式を踏んで戸籍上婚姻届による世帯が単位になっている。ただ子供を生むだけなら結婚は必須条件ではないが，男女交際の中で安易な性欲のはけ口の結果として子供ができたのでは困る。出産した場合，子供の親としてその子の将来をしっかり責任をもって育てていく覚悟がなければ出産すべきではない。この例で行けばスウェーデンは子供を2～3人出産してから法的な行為として婚姻届を提出する人が多い。日本も婚姻届を前提としない同居生活が増えつつあるが，婚姻届を出すことを法律的に世帯となることを日本の社会はまだまだ要求している。しかし最近では婚姻届によらない事実婚を選ぶ夫婦が増えている。また子供に対する父親や母親の役割が変化してきている。これには女性の社会進出が大きく影響しており，以前は子育ては母親の役割で，父親は家庭経済の維持のために働くことが主眼とされ，男女の役割分担もはっきりしていた。それが現在では子育ては夫婦が共同でそれぞれ役割を分担し，女性もどんどん社会に進出することが一般化してきた。

　しかし一般的に男性社会ではまだまだ育児や家事労働は女性の分野との意識の人が多く，女性側との意識のズレがありこれが結婚の障害になっている。特に第1次ベビーブーム時代生まれの団塊世代の親が問題である。彼ら自身がバブル経済の意識を引き継いでおり，自分の仕事中心生活の苦労を子供にさせたくなく，意識の転換が図

られていないことが障害にもなっており，自分の子供に対し十分な社会情勢を認識する能力をつけていないところがある。人により子供のいらない夫婦や，逆に夫はいらないが子供だけほしい女性等，出生を取り巻く社会情勢の変化が少子化に拍車をかけている。子供のいらない夫婦は，お互いの生活を重視し，子育てで自分たちの生活を犠牲にしたくない人，将来の社会に不安感をもっている人等が多い。特に女性に多いのは現在の職務に生きがいをもち，この環境を失いたくない等理由はさまざまである。しかしこの人達は自分が将来高齢になったときの家庭経済の基礎である生活資金はどこから得るつもりであろうか。現行の年金制度も保証できないし年金財源も子供が少ないことにより将来の不安材料の一つであり，決して安泰な将来は約束できない現状である。将来の高齢化社会で重要なのは経済面の保証も必要だが，それより人の手による高齢者介護が最も重要であり，このことを認識することが大切である。

　福祉は充実してきたものの未婚の母たちは児童扶養手当など国からの手当は十分ではなく，子供を育てるためには自分で働かなければ生活費の当てはできない。当然，何らかの犠牲を子供に強いることになる。母親は子供を生むことは選択できるが，子供は母親を選べない当然出産した以上その子の将来をしっかり考えることはあたりまえで，無責任な育児放棄は許されることではない。出生率の上昇がすべてではないが，働き手がいて経済の維持もできることを忘れてはならない。そこで出生の基本となる結婚の諸事情から今何が起こっているのか考えてみる。

◆　**結婚の実態**　　出生率と同様結婚も昭和45年前後が多いのは，第1次ベビーブーム時代の人が結婚適齢期になり婚姻件数も多

くなっているから，当然出生もこの時代は多く，婚姻件数に対する出生数を前出の表1から見てみると，例えば昭和45年の婚姻件数が103万件，出生数が193万人余で単純に比べてもこの時代は婚姻件数に対して出生人員は約2倍である。平成12年は第2次ベビーブーム世代の人たちが結婚適齢期世代に入っているはずであり多少の伸びは見込めるがあまり件数的には伸びていない。この伸びの幅が団塊世代は8年前後あるが，最近は結婚の年齢幅がさらに広がっており，年ごとの極端な伸びがない。これに伴い，本来は出生人数も徐々に伸びてよいはずであるが，それがほぼ横ばいであるのは，結婚しても子供を生まない夫婦がいたり，不安定な経済社会から少ない子供で我慢する夫婦がいることが予測できる。

1 平均初婚年齢

表11は男女別の初婚年齢を表わしたもので，1950年と1999年を比較すると夫で2.8歳，妻で3.8歳と上昇している。女性の初婚年齢の上昇が男性に比べて高い。そのため夫婦の年齢差も縮まって1950年2.9歳の違いが，99年には1.9歳になっている。初婚年齢は，70年代には一旦少しではあるが若くなったが再び徐々に高くなる。この70年前後は，高度経済成長期と第1次ベビーブームの人が適齢期になり結婚対象者も多い時代に加え，結婚し家庭をもって一人前の社会人という考え方があり，家庭をもつことを人生の励みにする傾向があった。当然，仕事への忙しさで家庭回帰を願望としていた意識もうかがえる。夫婦の年齢差が縮まってきた傾向として，女性が相手に求める年齢の意識変化により「友達」夫婦を理想としており，家庭生活にもこの影響は当然現れ，夫婦で働き「家事・育

児」も夫との共同分担を要望する女性が多くなった。これが結婚の重要な条件の一つにもなってきたが，しかし男性側にはこの家事分担の意識が薄く成婚に結びつかない理由の一つにもなっている。初婚年齢が遅くなったことにより，当然，高齢出産になる。しかし女性は早く生み終えて働くことを主眼とする人が多いことも子供の少ない理由になっている。子育ては体力がいるものでこの大変なことと，子育てを行う過程での社会の付き合いの煩わしさ，例えば保育園や幼稚園，小学校のPTA活動など地域社会での付き合いに煩わしさを感じる人も少なくない。特に自分の自由時間を早く取り戻したいと願っている。

　一方，子供の保育園・幼稚園での付き合いにより，子育てのよき相談相手を得た母親も多く，それをきっかけに長く交際している人もいる。女性たちは子供の付き合いからさらに自分たちだけの付き合いで，食事会や趣味の旅行等地域のつながりを深めるが，男性は入っていけず疎外感を感じている人もいる。小中学校の授業参観の風景を見ていると，母親同士は顔見知りの人と話をしているが父親である男性同士で話しているのはまれである。その延長として男性は退職後地域に友人が少なく妻を頼りにするため，妻からうっとう

表11　平均初婚年齢及び夫婦の年齢差

	1950年	1960年	1970年	1980年	1990年	1999年
夫の初婚年齢	25.9歳	27.2	26.9	27.8	28.4	28.7歳
前数値との差		1.3歳	−0.3	0.9	0.6	0.3歳
妻の初婚年齢	23.0歳	24.4	24.2	25.2	25.9	26.8歳
前数値との差		1.4	−0.2	1.0	0.7	0.9
夫婦の年齢差	2.9歳	2.8	2.7	2.6	2.5	1.9歳

出所）経済企画庁『国民生活選好度調査』1998年

しく思われ，最近は離婚につながる場合が多い。核家族時代の現在，育児の良き相談相手を近くに得る方法が見つからず，育児ノイローゼになる人もいることを考えれば，母親の友達さがしの格好の場として保育園を有効に使うことも必要である。

表12は各国の初婚年齢・第1子出産・婚外子の推移であるが，やはり日本ばかりでなく欧米諸国でも結婚は遅くなっている。特にここで注目すべきはスウェーデンである。初婚年齢が31歳（1997年）となっており，この国の合計特殊出生率は1.52人で高齢出産が多いかというとそうではない。スウェーデンは初婚年齢時にはすでに子供を出産し終えた人が多く，日本のように婚姻届の形式を重んじる意識が薄く，先に共同生活をして子供が生まれて夫婦として家族意識がたかまってから婚姻届を提出する。つまり子供が自分たちの家族の一員として家庭生活に落ち着き，夫婦がともに過ごすことが精神的に潤いを感じるようになった時点で婚姻届を提出する人がほとんどである。日本のように結婚と同時に婚姻届を出すのは極めて少ない。仮に同居し子供ができても，経済面を含め社会的に子育て環境が整っているため，母子家庭でも子育てに心配ない条件が整っている。その証拠には平均初婚年齢が31歳なのに，現実は子供を1人や2人出産しており，子育ての期間に入っている時期である。これを考えると日本よりも「家庭」を本当に理解し子供への配慮がされているといえるかもしれない。日本のような形式にとらわれることなく実質的な生活を重要視していることが理解できる。

スウェーデンの婚外子の割合は51.8％と半数もあり，これからも形式的な婚姻届の必要性は無いことが理解できる。日本の婚外子は1％である。しかし日本も婚外子が徐々に増えつつある。この背景

表12　各国の初婚年齢・第1子出産・婚外子の推移

		平均初婚年齢		第1子の出産年齢		出生数に対する婚外子の割合（％）	
		1980年	最新年	1980年	1989年	1980年	1989年
日　　　　本	男	27.8歳	(99) 28.7歳				
	女	25.2	26.8	26.4歳	27.0歳	0.8（％）	1.0（％）
アメリカ	女	21.8	(90) 24.0	—	—	—	—
フランス	女	23.0	(95) 26.7	24.9		11.4	28.2
西ドイツ	女	23.4	(94) 27.2	25.2	26.8	7.6	10.2
スウェーデン	女	26.4	(97) 31.0	25.5	26.2	39.7	51.8

出所）厚生統計協会『人工の動向＝日本と世界』1998年

には従前からの日本人の意識として「結婚＝出産＝家族」という考え方や意識が変わりつつあることを現している。スウェーデンの子供に対する考え方は，家族として両親が必ずしもそろっていることに限定せず，子供は地域で共同で育てていくというものである。だから，子育てをする社会的環境が整っており，母親が勤めていても安心して子供を預かる施設がある。しかも子供が病気をしたとき親が休んだ場合の手当，孤児や片親家庭を援助する手当，子育てをする環境と住民の意識が整っており，安心して女性が仕事に専念できる環境がある。それなら施設が整っているかというとそうではなく，深刻な施設不足がある。しかし，それをカバーする制度が整っており，例えば一般家庭の中で昼間自分の子供を含め0歳から12歳までの子供を4人まで預かる制度があり，双方が割り切って対応ができ，家庭に残っている女性も仕事として携わり，当然，その家庭には補助金が支給されている。

2 夫婦の結婚年齢

よく結婚適齢期というが何歳がよいのかは、本人の意識と置かれた生活環境や条件により違いがあり、何歳からとは一概にはいえない。一般的には「結婚＝出産」を前提として考えるが、その場合、体力や医学的な条件を考慮すると、理想とするのはやはり25歳前後が一番望ましいものと思われる。遅くとも35歳までに生み終わり、平均余命を考えると子育てを終わってからでも夫婦で十分楽しむ時間はある。では結婚するのは一体何歳が多いかであるが、現在の初婚者は25～29歳が一番多く、約半数近くの人がこの間に結婚している。男女共35歳を過ぎると極端に少なくなるが、1970年代では女性は22～23歳が一番多く、これが年とともに幅も広がり年齢も高くなっている。この弊害として出産可能年齢期間を短かくし少子化の原因の一つともなっている。厚生労働省の「人口問題研究所」の調査資料からも結婚・出産の年齢幅と高年齢化の広がりがうかがえる。

男性は40歳、女性は35歳を過ぎると結婚、出産は少なくなるのが、以前に比較するとだんだん高齢結婚に移行していることがうかがえる。1950年代の男性は25歳前後が中心であったが、現在は30歳前後に集中してきており、さらに30歳代が増加しつつある。女性は20～24歳代が中心だったが1990年代から25～29歳代が中心になっており、結婚年齢の高年齢化が現れている。さらに女性も徐々に30歳代が増加しつつあり、高年齢結婚は出産に大きく影響し、少子化に拍車がかかることも当然と理解できる。

最近、男性の結婚が遅くなっている理由には、企業の経済活動も

大きな理由の一つで,経済活動が広域化,国際化し,特に海外への進展に伴い海外赴任により,結婚の機会を逃してしまう人も多く国際経済社会の犠牲になっている。女性では社会進出で家庭生活より仕事におもしろ味を感じ,「結婚しない症候群」の女性が増えており,仕事第一主義が男女双方の婚期を遅くしているようである。

3 未婚者の多い背景

平均初婚年齢の上昇や,未婚者が増加している原因を探ってみる。これらの問題点を洗い出すことにより,解決策の一助にもなる。根本的には結婚は個人の問題であるが,結婚できる社会背景を作ることが重要である。地域により特性があるためそれらも分析し,問題となっている点の方策,基幹産業,街としての魅力づくり等は地方自治体や企業の責任において,社会の仕組みづくりの変革が必要である。

◆ **男女人口のアンバランス**　　男女の人口比がバランスよく地域構成ができておれば良いが,その都市によっては結婚適齢期の男女人口比にアンバランスがある。過去から将来にわたってどんな男女の構成割合になるかを考えてみる。当然,全人口では女性の平均寿命が長いことにより女性の人口が多いが,結婚適齢期世代は男性の方が多い。

表13に見るとおり,人口では女性の方が常に多く2025年には370万人も多い推計がでているが,女性の平均寿命が延び,女性高齢化社会の現れである。2000年の年齢・性別人口を見ると20歳代では男性が347,100人多く,反対に40歳代では男性が19,900人少なくなっており,70歳代では1,505,100人も女性が多くなっている。

表13 総人口及び男女別人口比の推移

(単位：人)

	総人口	男	女	女性増人数
1955年	89,275,529	43,860,718	45,414,811	1,554,093
1975	111,939,643	55,090,673	56,848,970	1,758,297
2000	126,920,100	61,932,900	64,987,200	3,054,300
2025	120,913,000	58,613,000	62,301,000	3,688,000
2050	100,496,000	48,617,000	51,879,000	3,262,000

注）2025年以降は推計値
出所）国勢調査及び厚生労働省「人口問題研究所発行資料」による

医学的な面から見ても男女の生存力は成長過程で男性の方が弱く，30歳代から徐々にその差が縮まってくる。しかし，2000年の70歳代は第2次世界大戦の影響で男性の多くの人が戦死しており，人為的に男性が少なくなっている。その証拠には，昭和30年の30歳代は女性が圧倒的に多い。この年代の男性は20歳代で戦争の兵力として多くの人が犠牲になり女性が100万人も多く，この人達の結婚はどうなっているかが関心のあるところである。昭和50年代後半以降の適齢期世代になると男性が多く男性の結婚難の時代である。これは経済成長時代で女性の労働力が必要となり，併わせて女性の賃金が高くなり経済面でも女性の地位が上がってきた。女性の意識が結婚思考より独身で自由が謳歌できる傾向が強くなり，社会もいろいろな面で女性をターゲットにした情報サービスを提供しだし，それがさらに女性の知識向上と外へ目を向けさせる結果になった。それに比較し男性は時間外勤務の増加により，自由時間の減少や女性と知り合う機会，情報を仕入れる勉強時間の減少により女性と意識のズレが生じ，交際の機会がますます減少した。

年齢別未婚者の推移を見ても女性のほうは24歳以下が，年々未婚率が高くなっており，昭和30年代の66％が平成2年では85％と上昇している。25歳以上の年齢でも当然同様なことがいえる。もう一つの社会的要因に団塊の世代（昭和21～24年生）があり出生人数の多い年代構成の部分，つまり昭和60年では35～39歳代がそれにあてはまるが，この歳の男性の未婚率は少し高く14.2％である。この年代の人が結婚対象とする女性の年齢は2～3歳下で，34歳前後の未婚女性は10.4％である。この数字だけ見れば14：10でその差4ポイントが，平成7年はそれが22：19で3ポイントの差になり，女性の未婚者も多くなっている。単一年代を見ても，例えば25～29歳の未婚女性は昭和45年が18％，それが平成7年では48％に拡大している。女性の結婚離れが進んでいる証拠でもある。

　若者の人口減少の一つに交通事故など「不慮の事故」があげられる。平成11年の厚生労働省「人口動態統計」の年齢階級別死因順位表で見てみると，15歳から24歳の男子のトップは「不慮の事故」で2,060人，これは女性の3.2倍，2位は「自殺」で女性の2.4倍の1,385人となっている。25歳以上のトップは「自殺」で25歳から34歳の比較でも女性の2.5倍の2,595人，2位が「不慮の事故」でこれも女性と比較すると4.5倍でいずれも女性より男性の死者の数は多い。この比較からしても死亡原因の1位，2位は自己責任を伴うものが多く，この原因の「不慮の事故と自殺」の15歳から34歳の死者を比較すると男性が女性の3倍となっている。「不慮の事故」だけを見た場合，15～29歳の男性では女性の実に4倍の死亡率である。不慮の事故でも交通事故死が85％以上であり，男女人口のバランスを交通事故で調整が図られているような皮肉な現象にも受け

取れる。男女比で特徴があるのは丙午で，最近は1966年がこの年にあたったが，出産人数は132万人で男性比がこの年は特に高く7.6％。この前後の出生者では65年が182万人，67年が193万人と66年と比較しそれぞれ50万人前後の違いがあり男女比は平年どおりの5.3％。さらに60年前の1906年の丙午は全出生数は前年比4％の減少であった。この前後の年は女性より男性が5％多く生まれ通常の男女比で，1905年の全体出生率は前年比2.7％増でそんなに多くはないが1906年は前年比8.7％の減少である。これは実際生まれたときというより，届け出の統計であるため，1906年は女児の過少申告を物語っており，当時の親たちが子供の将来を考え戸籍の届け出を作為的に行っていたことが想定できる。この年代は丙午に生まれた女の子のうちの相当数が前年ないしは翌年生まれたように届け出がされて，当時は自宅出産が多く出生届も親の判断により届け出の日時がゆるされていたからである。この時期は前後を含め3カ年の平均で男女比を見てみると，男性が104.5％でほぼ平年値になる。60年後の昭和41年の男性比は105.3％と平常値である。その他「丙午」ほどではないが出生に関して縁起をかつぐ年として「五黄の寅」がある。1914年・26年・38年・50年・62年・74年・86年等がこの前後の年と比較し，女児の過少申告が現れている。しかし，日本の総人口の男女比は女性の長生きのため約5％の女性が多くなっている。

　第2次ベビーブーム世代として，1971～75年生まれの人が今結婚適齢期を迎えつつあり，結婚，出産が多くならないと将来においても少子化の解消は図れない。将来予測でも同じ年代では常に5％の男性が多く，結婚に対する男性の不利が予測される。

乳児の死亡も男子が2割強の死亡率の高さである。生命医学的に見て男子の方が育ちにくく死亡率も高い。昔は適齢期世代になると男女人口のバランスも男子が2％程度多いくらいであったが，今は医学の発達により乳児の死亡者が一段と減少し，多く生まれた性別比がそのままその後の人口構成に影響し，男性100人に対して女性が95人といずれの年代も多くなっており，単純にカップルを考えた場合5％の男性は結婚できない。さらに女性の結婚願望が低下している状態を考えれば，男性の結婚は大変な努力が必要である。

　◆　**都市部で高い未婚率**　　地域により未婚率にも格差がある。表14は，適齢期を若干過ぎた年齢者の都道府県別比較である。高未婚率のトップは東京都で，沖縄，神奈川，山梨県等と続いている。この中で男性が多い地域は当然のこと未婚率が高くなっているが，特に高知県は女性の未婚者が男性を上回っており，これは女性が多い証拠でもある。その他，女性が100を超える県は奈良を始めとして青森，北海道，大分，愛媛県等である。東京都，神奈川県等は若い世代の男性が，就学や就職を機に東京圏へ流出するのに対して，女性の多い県は女性が比較的地元にとどまることが多いためと考えられる。

　このように，人口のアンバランスは，結婚の動向に何らかの影響を与えていることが考えられる。人が集まるところは何らかの利便性や魅力があり，それが都市を拡大し人の集まりを形成していく。人が集まればそれを商売として新たな商業活動の活性化が生まれる。その典型的なものがコンビニエンスストアやコインランドリーであり，24時間営業で独身者が日常生活を過ごすのに都合よくできている。コンビニで食料を買い，それを電子レンジで温めれば自分で

表14-1　男性が多い地域は男性の未婚率が高い

(平成2年)

都道府県名		東京	沖縄	神奈川	山梨	岩手	高知	埼玉	千葉
30歳代の未婚率	男	36.1	30.3	29.4	26.9	26.8	26.3	26.1	26.0
	女	19.4	13.9	10.7	9.3	9.4	12.1	8.6	9.0
男性を100とした場合の女性の割合		90.0	96.2	90.5	96.2	99.5	103.9	95.3	96.7

表14-2　女性の未婚者の割合が多い地域

(平成2年)

都道府県名		奈良	青森	北海道	大分	愛媛	宮崎	和歌山
30歳代の未婚率	男	18.4	23.4	20.9	20.4	21.4	20.9	20.4
	女	8.2	9.1	12.4	9.6	10.1	9.7	8.8
男性を100とした場合の女性の割合		107.7	106.2	106.0	105.8	105.7	105.5	105.5

出所) 厚生労働省『人工動態統計』2000年

料理をしなくても温かくおいしいものが十分賞味でき，余った時間で自分の好きなことができる。そんな食生活なら食器もほとんど要らないし，後はチョットした食品保管の小さい電気冷蔵庫があれば十分生活ができる。さらに親元を離れて暮らしていると，結婚に関し親や親戚など地縁・血縁のしがらみなどから解放され，精神的な圧力が少ないため仕事や遊びを十分楽しむことができる。女性の場合は，男性に比較し地元にとどまっている人が多く，親類縁者の圧力も高くその影響を受けており，男女人口比にもまして未婚率のアンバランスに大きく影響していることがいえる。一般的に都市より地方の方が結婚難といわれているが，未婚率を見た限り一概にいえない。都市部の雇用者と違い，地方の人は生業を継いでいる人が多くその地域の将来を担っており，結婚が個人の問題でなく，地域の

問題として行政や周囲の人々の働きかけが積極的にあり，地方は話題が少ないだけに，結婚難が実態より強調される傾向がある。

◆　**若者の結婚観の変化**　「家族の崩壊」という言葉がささやかれているが，結婚するということは基本的には家族を持つことである。最近は「結婚しても子供はいらない」とか「子供はほしいが夫はいらない」といった考え方があり，家族に対する意識変化が現れている。これは束縛されることを嫌い，煩わしいことは避けたいという考え方の表れである。

それでは結婚後の「家族」に対する意識として，今の若い人たちはどんなことを考えているか，「家族」への期待度をアンケートから見る。表15は経済企画庁「国民生活選好度調査」の結果で「一緒に過ごすと幸せに感じる人は誰か」との質問であるが，男女・性別・年代により意識に違いがある。若いうちは男女とも「友人」を一番と感じている。年齢や既婚により意識も男女で違いがでている。男子の場合は「友人」から30歳代の結婚と同時に「配偶者」がトップでその後も高い率を示している。この年齢の女性は「子供」がトップで男性と意識の違いがでている。

男性も2番目が「子供」になっている。この中で「一人でいる時」が男女とも意外に多くなんとなく寂しさを感じるが，これはファミコンからパソコンへと一人で楽しむことに慣れている生活の現れである。「仕事仲間」は50歳代になるとウエイトが高くなって，これは子供や家庭から父親としての役割が薄らぎ，そのはけ口として職場仲間と遊びを含め付き合いが多くなる。この頃から職場を離れた友人のウエイトも高く退職後の仲間づくりの現れである。

女性の場合は，「友人」から結婚・出産と同時に「子供」へと対

表15　貴方は誰と一緒に過ごすとき幸福と感じるか

（男　性）　　　　　　　　　　　　　　　　　　　　　　　　　（単位：％）（3つ選択可）

年齢階級	20～24	25～29	30～34	35～39	40～44	45～49	50～54	55～59	60～64
配偶者	13.0	45.5	60.0	74.4	76.6	75.2	64.4	80.6	78.3
仕事仲間	18.2	15.2	16.7	16.8	14.6	17.1	32.6	34.3	23.5
恋人	49.4	33.3	10.0	4.0	2.9	4.3	3.7	1.9	0.9
親	24.7	24.2	22.2	27.2	22.2	22.2	14.1	9.3	8.7
友人	75.3	45.5	33.3	23.2	22.8	28.2	26.7	36.1	32.2
子供	7.8	21.2	53.3	68.0	71.8	69.2	60.7	51.9	53.9
1人でいる時	28.6	18.2	23.3	20.8	18.1	22.2	12.6	20.4	13.9

（女　性）　　　　　　　　　　　　　　　　　　　　　　　　　　　　　　　　（単位：％）

年齢階級	20～24	25～29	30～34	35～39	40～44	45～49	50～54	55～59	60～64
配偶者	16.0	53.6	62.3	71.1	62.2	70.1	63.4	74.8	59.5
仕事仲間	14.9	9.1	5.1	5.9	8.7	11.0	18.7	13.0	19.0
恋人	53.2	19.1	6.5	5.3	1.0		0.8	1.6	
親	53.2	40.9	31.2	25.0	21.9	19.5	14.6	20.3	10.7
友人	69.1	47.3	33.3	34.9	35.7	34.4	39.0	35.0	38.1
子供	7.4	47.3	67.4	80.9	77.6	73.4	61.8	60.2	63.1
1人でいる時	18.1	14.5	22.5	19.1	26.0	16.9	20.3	20.3	29.8

出所）平成10年国民生活選好度調査より

象者が変わっていく。これが40歳代まで続きそれ以降も高い率を示しているが，子供から手が離れてもそれまでの付き合いの幅が広がり，「配偶者」の率は一時的には上がるが再び友達同士の付き合いが楽しいため「配偶者」への期待感は上昇しない。「仕事仲間」は女性の場合，長い勤めの人が少ないため深い付き合いが少なく，男性と違うところは女性の勤務年数の低さの結果と思える。さらに50歳代になるとパート勤めの人も多くなり仕事仲間も増えること

が想定でき，60歳を過ぎると配偶者のウエイトは低くなっている。退職後の男性は女性側からすれば幸福感の対象から徐々に薄れて，これが退職離婚の理由の一つにもなっている。「親」に対するものは男性より女性の方が平均的に少し高いウエイトを示している。このアンケートから特徴的な意識を想定すると，男性の特徴として結婚後は配偶者第一，45歳代は浮気願望が高く，50歳代から仕事仲間や友人と楽しむことが多くなる（家庭における父権地位の低下），55歳代から女性と違い家庭における父権低下と子供からも存在感が薄れ自分の居場所も考える必要がある。退職後一人では寂しく「配偶者」が頼りでは情けなく，妻が外出するときに一緒に出掛けていく「ワシもいくワシ族」になる人も多い。一方，女性の特徴として，夫の退職後は夫が毎日家にいることに煩わしさを感じ，これが男性と女性の違うところである。女性の55歳代は親が亡くなる年代で親への関心も高くなっているが，付き合いでは「友人」が高いウエイトを示している。これは子育てを通じて子供を仲介に友人関係が引き続いていることをうかがわせる。さらに子育て後も趣味や旅行，地域活動の中でも付き合いをひろめ，50歳代は子離れする年代で勤めや外にむかって関心を示すようになる。60歳代からは夫に煩わされるより，一人で楽しみをさがし過ごすことに生きがいを見つけ，そんなとき夫に一緒に居られるわずらしさから解放されたい願望がある。「恋人」に対する思い入れは，男性・女性とも20歳代前半が多く，若者の恋愛願望の意識が強いことがうかがわれる。このように全体的に男女とも「配偶者」や「子供」に対して幸福感を見いだしており，家族への憧れ，つまり「結婚」に関し多くの人が家族への思いを考えている。

◆ **結婚志向**　女性の社会進出に伴い「結婚しない症候群」「結婚しない女性，結婚できない男性」などといった言葉をよく聞くが，ズバリ未婚者の考え方はどうかその調査として厚生労働省が全国に居住する20～34歳の未婚男女による結婚に対する考え方を調査した結果，「いずれ結婚するつもり」が男女とも95％を超えており「一生結婚しない」は3％である。過去の経年比較でいくと昭和62年調査時が男女とも前後の調査結果と比較し3％も「結婚するつもり」の考え方の人が低くなっている。これは経済もバブル時期であり，仕事に生きがいを感じている人が多いことをうかがうことができる。男女とも「結婚する」意識の人は多いが，結婚したくても結婚を前提とした異性に巡り会う機会が少ない人が多いことが想定できる。このような人達を結婚に結び付けるためにはどのような条件が整えばよいか，その方策が必要である。最近の結婚に関しては女性上位で，結婚相手に厳しい条件をつけることが多く，以前は「3高＝高い身長・高収入・高学歴」など外見にこだわる傾向が強かったが，最近は少し傾向が変わって来たようである。精神面と日常生活上の協力を要望するようになって来た。

◆ **結婚相手に求める条件**　これも「国民生活選好度調査」の結果であるが，20歳代の男女共通の条件として「性格」を第一に挙げている。次いで「家庭第一」「共通の趣味」「自分を束縛しない」となっている。男女間の違いとして，男性は相手に対する条件として「家事ができる」「自分にない性格をもっている」「容姿」としているが，女性は「収入の安定」「金銭感覚がにている」を相手の条件としている。「家事」「収入の安定」「容姿」については男女間で大きな意識の違いが現れており，男性は「家事・容姿・自分に

ない性格」で外見を重視し男の「見栄」がみえかくれしている。女性は「収入・金銭感覚」などを挙げており現実的な考えが強い。これからしても男の意識に「男は仕事，女は家事」といった家庭での男女の役割分担がまだまだ残っている面がうかがえる。総体的には男性は「家庭を守ることができる人」を，女性は「安定した暮らしを約束してくれる人」を選んでいる。その他，最近は男女とも性格的，内面的なことを第一としており「共通の趣味」や「家庭第一」を重視しており，男女により多少の違いがあるが，今の若い人達は結婚後も友達感覚で時には相手に束縛されずに，日常生活をともに楽しむことができる相手を理想としている。

◆ **男女の出会いの機会** 結婚に至る過程として，理想は「恋愛」と思っている人がほとんどであるが，なかなか理想のようにはいかない。かつては知人や親戚，世話好きの人からの紹介による「見合い」が多かった。今は世話好きの人が少なくなり，この割合は低い。それではどんなきっかけで結婚相手を見つけているのだろうか，厚生労働省の「人口動態社会経済面接調査」（婚姻）から初婚夫婦を対象とした調査結果を表したのが図1でこれを見ると，最近は職場恋愛が多い。

昭和48年では「見合い」がトップでそれが年々減少しており，平成3年は12.7％になっている。その替わり職場を通じて知り合う率が高く，その他は「友人等を通じて」知り合う機会が高い。昭和57年の調査では学校が異性との交際の最大のポイントであり，これは最近の若い人達が「グループ」で行動していることからもわかる。「職場や仕事」で知り合う率が高いことは今の企業構造の中で，男性中心の職場で女性のいないところは知人，友人も少なく，しか

図1 結婚の形態（見合いか恋愛か）

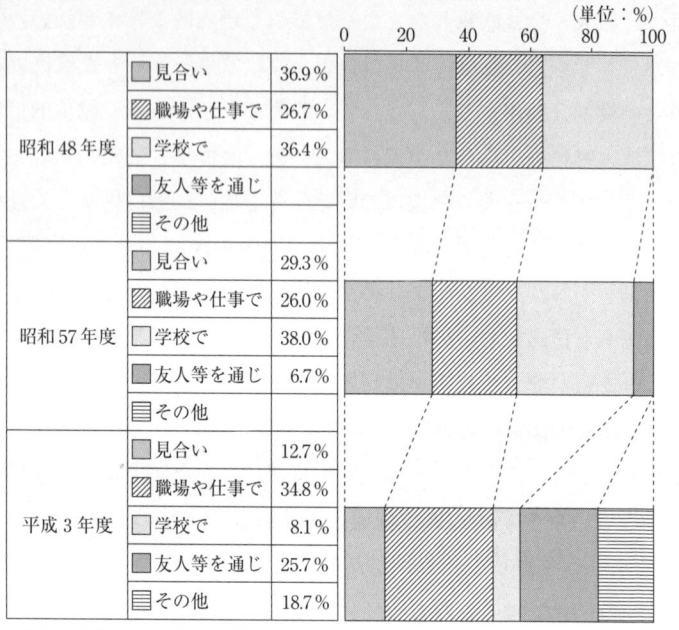

(単位：%)

昭和48年度	見合い	36.9%	
	職場や仕事で	26.7%	
	学校で	36.4%	
	友人等を通じ		
	その他		
昭和57年度	見合い	29.3%	
	職場や仕事で	26.0%	
	学校で	38.0%	
	友人等を通じ	6.7%	
	その他		
平成3年度	見合い	12.7%	
	職場や仕事で	34.8%	
	学校で	8.1%	
	友人等を通じ	25.7%	
	その他	18.7%	

出所）旧労働省「人口動態社会経済面接調査」より

も休日を会社の寮や男の同僚だけで過ごしている男性は，異性と知り合うきっかけも少なく結婚に結び付く機会も少ないことになる。さらに学校以外のサークル等で知り合う人が5.3％あり活動的な人は知り合う機会も多くあることがうなずける。職場により男女比率のアンバランスなところはますます知り合う機会が少なく，高度経済成長の中で男女のバランスある従業員構成を配慮しなかったことも結婚難の原因である。かつては男子中心の職場だった自動車の組み立てラインも，今では女性でも十分働けるよう職場環境を改善し，現に労働力の一員として職場進出している。これももっと早く改善

できたはずであるが男性の雇用ができたため企業が努力しなかった結果である。かつては男性中心といわれていた職場も最近は女性の進出が活発で，ダンプカー等重作業用機械のオペレーター等にも女性が進出している。以前は力を必要とした機械操作も今は動力を利用した機械操作に変わり，大型自動車を運転するのにも力を必要としなくなったからである。それとサービス業の業務拡大により，今まで暇のあった世話好きな女性も，近くに気軽に働ける職場ができ働きだしたため見合いを仲介する「世話焼き」の人が減少したことも原因している。さらに仕事が高度化，専門化していく中で同じ企業の中でも，女性の多い職場，男性の多い職場と分かれることが多く，仕事をしている中で自然に知り合う機会も少なくなっている。しかも最近の若い人達は友達意識が強く，時間外のアフターファイブの付き合いも3同（同期・同年・同性）の仲間だけでの行動が多く，年齢を越えた幅広い範囲の人達との交際をあまりしないため，社会常識の不足や社交べたが多く，当然，先輩・上司との付き合いをしたがらず，交際術を学ぶ機会も少ない。

　今の女性はマスコミの影響による情報過剰で，自分たちの行動は別として意識過剰になりがちであり同世代の男性にもの足りなさを感じ，結婚よりマスメディアに躍らされて目の前の楽しみに生きがいを感じ，さらには社会に対する甘えもある。この考えや生き方を変えない限り結婚に結び付く意識にはなかなかならない。これは社会のあり方にも問題があり，結婚そして出産・育児を得て家庭の大切さを認識し，さらに女性が育児を負担と感じない社会づくりが必要である。

　それではどんなところで異性と知り合ったらよいか，また出会い

をどんなところに求めているかであるが、意外にも出会いの場を思いつかない人が多く、3割にも達している。若者の意識調査からも知り合う機会はやはり職場関係や友人、兄弟・親戚等を通じてが多く、最近はマスメディアを利用した「カップリングゲーム」等遊び感覚を取り入れた番組をやるところがあり、昔の「見合い」の機能を生かした「集団見合い」も出会いの場の一つである。特に最近は旅行会社や地方自治体も注目し実施しているところがあり、ゲーム感覚で見合い本来のしがらみもなく、気軽に一回一回を真剣に受け止めることもなく参加しやすい方法の一つとして注目されている。この参加者の特徴はグループでの参加が多く、ここにも若者の特徴である集団行動が現れている。

　実施の方法はいろいろあり、年齢制限や人数を男女同数で合わせ日帰りツアーや、アメリカでも行っているがパーティーを企画し、その中でゲームを行い遊びの中からカップルを誕生させるなど、さまざまな企画を考え実施している。

　豊田市の最近の例はバスツアーを始めとしてディスコパーティーやバーベキュパーティー、最近のグルメブームを反映して男女共同料理教室、車の町であるため四輪駆動車を利用したフィールドアドベンチャー等を実施しているが、人集めの効果はあるものの成婚率は今一歩である。この原因として男性と女性に参加するときの意識に違いがあり、男性は交際相手を探す真剣さがあるが、女性は安く遊ぶことができればよいくらいの感覚で参加しており、結婚に対する真剣味は男性に比較して女性は薄く、仮にカップルになってもその場限りとして割り切った考え方をしており、その後の交際も女性側からの断りが多い。また参加するグループの人数によってもパー

ティーの行動も変わってくる。成功，不成功は参加するグループ内の人数にもより，男性の 2～3 名のグループ参加の場合は，参加した同僚を意識してそれぞれが積極的な行動ができない。これは自分だけ交際相手が見つかった場合，同僚から恨まれるし，その後の遊びも仲間外れにされがちであることを配慮してのことである。ところが 5～6 名のグループ参加の場合は，お互いの責任も分散でき，ある程度自由に行動できることもあり，集団行動は当然であるが多人数で参加したため，同僚を気遣うこともなく，気軽に考え，単独行動もしやすくカップルもできやすい。この方法でその後の成婚率が上がらないのは相手の人柄がよく分からないのと，男性側の交際術のセンスの無さから来ており，女性からすると男性に今一つ物足りなさを感じているからである。

　この交際術の一つに話題性に富んだ会話ができるかどうかも大切な要素であり，女性週刊誌の多さからも判断できるが，女性はマスメディア等を通じて情報の吸収はどんどんしており，情報過多な意識だけが先行しているところがある。男性側にそれに対抗できるだけの話題性をもっていないと女性からは頼りない男性に映ってしまう。週刊誌のマンガ本を愛読しているような男性では，情報過多の女性になかなかついて行けない。やはりそれなりの努力をすることが必要であり，「花婿学校」ができるのもうなずける。しかし「花婿学校」という呼び名が悪いので今一歩発展にはつながらない。もうすこしスマート性を感じる呼び名にしないと発展しない。例えば「Majority Society School」等とカタカナイメージに呼び方を変えることも必要である。基本は本人が自分で行動しなければ誰も応援してくれない。そして職業の違いも男女の生活空間の違いにつなが

り男女交際のすれ違いの生活状態になる。

さらに業種の違いはそれぞれの生活時間の違いにもなり，そのずれの時間が問題である。休日が違ったり就業時間の違いを生じて会う時間も少なくなる。

以前にNHKが調査した「国民生活時間調査」(平成2年)によると一人暮らしの男女の生活時間の使い方にも大きな違いが出ている。時間差の大きいものは，例えば「会話・交際」にかける平均時間が，男性は48分であるのに女性は81分と大きく異なっている。逆にレジャー活動にかける時間は男性が46分，女性は32分となっている。「個人的な付き合い」は男性34分なのに女性は55分と長い。「電話」は男性3分，女性は15分とこれも大きな違いが出ている。このように人と時間を共有することが必要な「個人的な付き合い」にかける時間は女性の方が長い。勤務時間でいえば男性の場合は労働時間が時間外を含め平均的に長いため，職場以外の人と時間を合わせることが困難であり，このように生活時間のサイクルの違いも大きな原因の一つである。

4 結婚の魅力と不利益

多くの人は結婚へのあこがれをもっている。それでは具体的に結婚への障害は何か，結婚をためらわせているものは何か，その理由をさぐって見ることにより，考え方の変化のヒントが得られると思われる。結婚生活への利点，不利益をどのように意識しているのか，単身生活との比較による変化を見てみる。

◆ **結婚生活は安らぎの場か？**　結婚生活の利点をどのように考えているのか，旧厚生省の「平成4年度国民生活選好度調査」で

は20・30歳代の独身者，有配偶者とも「精神的な安らぎの場がえられる」を多く挙げており，これは結婚した人の方が男女とも多く答えている。この結果から見ると結婚は「精神的な安らぎの場」として大きなウエイトになっていることがうかがえる。

しかし「精神的な安らぎ」は30歳代をピークに率は減少していく。これは結婚し子供もある程度大きくなり家庭中心より社会に関心が移る年代になる。夫の場合は40歳代後半からさらに変化し，仕事仲間を含めた社会での中心的な役割を果たす年代である。一方，妻の利点では子供中心で夫にかかわる時間が少なくなり，家庭における夫の存在感は薄くなっていく。女性も社会に目がむき家庭をもっていることにより40歳代から「一人前の人間として認められる」ことに幸福感を感じる率が高くなる。男性は仕事仲間や友人とのウエイトがますます高くなっていくが，家庭も落ち着き世間からは一人前の人として認められることを利点として評価している。同様な主旨として人間としても成長できたことである。さらには周囲の期待にこたえられることも結婚したためにできることも多く，人から認められることができる。

しかし，精神的安らぎも50歳代から少し低くなっているがこの年代は人生の節目で，家庭面における問題の多い年代であることが想定できる。子供の進路，配偶者との長年の生活観の違いなど，精神面でも過去の生活を振り返る時期でもある。夫婦である「生活上の便利」は歳とともにウエイトが高くなっていく。子供が独立し夫婦2人の生活になったとき，やはりお互いの配偶者を頼りにすることがうかがえるが，男性の方が女性を頼りにするウエイトが高くなっている。男女間では違いが出ており，女性は夫に付きまとわれる

より友達との付き合いに重点をおくようになる。将来を考えた場合，熟年離婚にならないよう夫は日頃から妻を大事にすることにより自分自身の安らぎを得ることを考えなければならない。

女性は男性と多少の違いがでている。「精神的な安らぎ」は40歳代までは男性より高いウエイトを示しているが，「人間的な成長」面も男性より高い。これが60歳以上の年代になると低くなる。これは家庭（夫）から利益（利点）が得られる期待が薄いからである。「生活上の便利」も男性に比べ低い。これは定年退職すると男性は世間的にはあまり役に立たなく頼れない証拠でもある。当然，妻にしてみると経済的な面がクリアできれば夫の必要性が薄くなり，このため最近「熟年離婚」のはやる理由の一つにもなっている。「経済的に余裕がもてる」は，当然年代とともにウエイトが高くなり，自分たちのことを中心に考えればよく余裕がもてるようになる。

本来「精神的なやすらぎ」は家庭が落ち着くと同時に得られるものであるが，結果として男女とも定年を境にそれぞれ違うものを求めている。そうなってくると「結婚」とは何か？　と疑問をもちたくなる。若い世代にとってみれば結婚生活のモデルとなるべき人が，結婚当時利点として高い評価をしていた「精神的な安らぎ」が，子供が独立し夫が定年退職する時点から余り評価しなくなることは，「結婚観」に及ぼす影響は大きい。いろいろな面でそれぞれが違ったものに安らぎや幸福感を感じるようになる。「生活上の便利」で男性が高く見ているのは，妻がいると家事（料理，洗濯等）に便利であるからである。一例として一人暮らしの男女の食生活上の違いを考えてみる。

この中で特徴的なものとして，男性の「嗜好飲料」は一般世帯の

表16 20〜30歳代の一人暮らしの男女の食生活〈全世帯の平均を100として比較〉

	穀類	米類	小麦	いも類	菓子類	油脂類	果実類	緑黄野菜	きのこ類	嗜好飲料	魚介類	肉類
男性	106	98	127	55	42	129	48	68	50	249	70	117
女性	93	76	130	63	106	118	64	92	86	82	65	97

出所) 厚生労働省「国民栄養の現状」(平成元年) より

2.5倍で，このほとんどはペットボトルである。油類が3割，小麦が多いのは食生活が「パン」食のためである。これは調理に手間がかからないからでこの点は女性にもいえる。「いも類」はほとんどが調理が必要なため一般家庭よりかなり少ない。この点は「魚介類」にもいえる。よく若い女性は「魚料理」が苦手といわれるゆえんでもある。男女の違いでは男性は菓子・果実・野菜類が女性より少ない。女性の「嗜好飲料」は男性より少ない。栄養的に独身者が一般世帯より少ないのは「いも・果実・野菜類・魚介類」である。全般的に独身者は一般家庭に比較し，偏った食生活をしている。パンを食べ肉類を含めた油脂類の多い食生活をしていることがうかがえる。これは加工食品の発展ぶりを見ても需要の伸びがわかる。経済産業省の工業統計によってもこの10年間に食品の供給増は約倍以上の伸びを示している。特にコンビニの発展により「寿司，弁当，調理パン」類など，そのまま食べられる食品の伸びが著しい。コンビニ以外にも寿司，弁当のチェーン店の急激な出店は多い。しかし今の若い人は味にはうるさいため安いだけでは店は流行らないし，人の流れで入りやすい雰囲気や，道路沿いの場合の条件は車の流れで駐車場に車が入れやすい入り口の設け方や，道路を走っていてよく目に付く店の位置などによって同じ地区にあっても客の入り方は

違う。郊外店では新規開店や閉店が激しく、閉店した場所は違う業者が二転三転し、店の経営者が変わっている。食品を包んでいる梱包材料や調理方法の改良により調理時間が短縮され、料理の種類も和食から洋食、中華、イタリア料理など購入して器に並べるだけで視覚、味覚も楽しめる食生活の条件が整い、家庭生活における家事時間の短縮により家庭料理の考えも随分変わってきた。

◆ **単身生活の魅力** 独身生活の「気楽」等とよくいっているが、どんなところに魅力を感じているのかその理由を考えてみる。また、結婚するとどんなところに不便（不利益）を感じているのかであるが、特に女性は結婚後、自分自身の行動に制約を受けることを不利益と取っていることが多く、親子の生活と夫婦生活を同じレベルで考えており、結婚し新たな世帯をもつことの意義が分かっていない。

不利益と思われる点で両者とも半数近くが「自由に使えるお金が少ない」「やりたいことが制限される」等をあげているが、有配偶者の場合「やりたいことの制限」は4割近くであり、独身者が予想しているより制約されていないことがわかる。「不利益」も独身者が考えているより有配偶者の多くが「ない」と実感しており、独身者の意識の変換が必要であり、実態を見直すことが大切である。

女性の場合は男性とは多少違い、「やりたいことが制限される」は結婚してからが多く「お金」については独身時代の考え方とほとんど変わらない。「相手への配慮の煩わしさ」はむしろ結婚してからの方が少なくなっている。「家事等負担」は当然女性にかかる負担増があり、このへんは男性の協力により楽しむ「家事・育児」を行わなければいけないし、核家族化の時代で妻の良き相談相手にな

ることが必要である。全般的にいえることは，男性は「負担・不利益」に感じることは独身時代と比較して「ない」と感じているが女性にとっては独身時代に考えるよりも「負担・不利益」を感じている人が多い。

　これは裏を返せば独身時代が非常に自由で，相対的に結婚後は生活の不自由さが目立っているともいえる。しかし生活費の面ではどう思っているかであるが，別の調査の中から結婚前の「一人暮らしの場合」と「家族と同居」の場合の人の比較をしてみると，結婚後は共稼ぎで生活費を折半すると仮定して，男女とも一人暮らしの人は独身時代より3万円以上負担が軽くなるのに対し，親と同居の人の場合は独身時代はほとんどを親が負担していたため結婚後は重くなったと答えている。さらに独身女性の場合の多くは親と同居の人は家事はほとんど親がやっており，結婚後は急に自分でやらなくてはならない場合が多く，これを負担と感じており，これが「不利益・不自由」につながっている。こんな意識をもつのは女性の母親が料理，家事など家庭で教育していないため，家庭教育の不足が不便と感じる原因になっている。現在でいえば，団塊世代の親が子供への十分な家庭教育をしなかったことが大きく影響している。さらには世の中の変化により，単身者への家事サービスも機器の発達と家事関連サービス産業の発達で，より暮らしやすくなってきている。このサービスの中で最も発達したのが前にも述べたコンビニエンスストアの増加である。日用品をいつでも24時間好きな時に買うことができ，家事をしない人でも日常生活に不便さを感じない時代になっている。

　また，経済的にも男性と女性の賃金格差は接近してきているがま

だ男女間の賃金格差はあり，平成13年度では一般男性労働者の65.3％であるが，実際学歴別構成や，勤続年数階級別構成を同じと仮定すると77.5％と男女比は大幅に上昇する。このように独身女性の経済的デメリットは減少し，結婚の利点である精神的な安らぎを求める割合が高くなっていることは，裏を返せば他の利点において結婚の必要性が薄れていることを表している。当然　女性にとって結婚は精神的な安らぎを得ることができる男性でないと，結婚を積極的には考えないことにもなる。この点，男女共結婚に何を求めるか独身時代に答えを出すのではなく結婚して2人で築き上げて行くことを考えることも大切である。

　情報化時代の中，外国に対する憧れが特に女性には多いが，外国男性の家事援助等余り知らないと思うが，過去に東京ガス都市生活研究所が調査した結果であるが，日本男性とは違いが出ている。

　この意識調査の結果を見るとアメリカやフランス等さすがにフェミニストの国だけに家事参加に協力的な男性が多い。日本の男性も見習わなければならない。女性はそんな情報に憧れをもっているのは確かである。マスメディアにより知識は十分仕入れており現実と理想がごっちゃになった実生活を考えている。家庭とは夫婦の協力関係で成り立っていることを表している。フランスは米国より料理作りの人は多少多いが，それでも5割弱であり，フェミニストの国のくどきに乗せられないように，日本女性は夢と現実の違いをじっくり判断すべきである。しかし悪くても日本男性よりはるかに手伝っていることは確かである。この意識が外国人との差である。それでは東京の人はどうかというと，ほとんどが手伝いをしていない。これでは女性から苦言が出るのは当たり前であり，家庭を協力して

作っていく希望ももてないことになる。

　しかし，この裏には日本の経済活動が大きく影響している。労働時間・通勤時間・休日等の面でアメリカ，フランス等と比較し時間的な自由度が少なく，家事協力したくてもできない状態にあるのが実態で，料理つくりや子供との触れ合いをする心のゆとりを求めても現実はなかなか難しい。このことを考えると労働時間の短縮が家事協力するための重要なポイントでもある。

第4章　考えよう女性の社会進出の現状

1　女性の職場進出と家族のあり方

　労働力の必要性に伴い女性の職場進出は高まってきた。最近では，かつては男だけの職場であった土木工事関係の職場にまで女性が進出している。同一の仕事であれば当然賃金も同じであり女性の就業意欲も高まっている。

　こうした女性の職場進出は，少子化の一つの原因である。日本は昔から家庭における男女の性別による役割意識が強く，女性はおもに家庭で家事や子供の養育を担ってきた。しかし，最近の女性は社会に出て職業をもちながら，家庭では主婦や母親としての役割も努める女性が多くなってきた。しかし，現実は結婚・出産後も働き続け家事・育児との両立を図ることは女性にとっては大きな負担として意識され，出産意欲の低下の一因になっている。こうした状況の解決には家族を含めた育児の社会システム化が必要である。女性が職業をもち，安心して子供を生み育てられる環境づくりのために何が必要か，考えてみることが大切である。

　◆　**女子労働力の需要**　　従来，女性の働く場所としては第1次産業や商工業の分野，そして家族従事者として大きな役割を果たしてきた。さらには第2次，3次産業へと移行して，高度経済発展の長期化と雇用の需要の高まりから女性の社会参加が増大してきた。昭和40年代は進学率の上昇により若年労働力の不足から，さらに昭和50年代以降は技術革新・サービス経済化の進展に伴い熟練労

働から軽度の労働に変化し、サービス業、情報処理産業の発展から女性でも十分こなせる産業へと変化し女性の需要が一層拡大してきた。そうした世の中の変化に女性は就業に対してどのような意識の変化をたどってきたかを考えてみる。「結婚・出産」直後も仕事を続けたい女性は、40年代は以前と比較しそんなに変化はないが、「結婚・出産」後育児がある程度終わったところで再び働きたい人が増加し、「結婚・出産」を契機として家庭に入り働くことを考えていない人は減少している。総合して考えると、就業していた女性は子育てが一段落すれば再び働きたい意向が強く、結婚後も就業したい女性と合わせ8割の人が働く意欲をもっていることが推察できる。そのため、結婚・出産対策としては、子育てを含め、女性が働きやすい環境の整備・社会システムの構築が第一である。

◆ **外国人女性の結婚と就業意識**　諸外国は女性を含め結婚後の就業についてどんな意識をもっているのだろうか。1965年代はアメリカ等外国の人の意識は日本より低かったが、70年代を境に外国の意識が高くなってきた。日本とアメリカの意識には大きな差はなく似たところが有る。スウェーデンは社会環境の変化とともに大きく変わってきた国である。75年代は少子化の問題が話題となり78年には出生率が1.6人まで低下し、その後、各種の社会環境の整備を行い、91年には2.1人まで上昇した。施策として女性の働きやすい環境づくりのため、まず保育所・老人ホームの増設・ホームヘルパーの増員、育児・介護サービスの充実、女性労働力の導入とあわせて税制面では個人単位課税（分離課税）への改革、さらには福祉職員の増員など制度化＝**女性が働きながら家庭を大切にできる社会**＝これを確立していった。15カ月の産後有給休暇制度、

出産費用の無料化，育児・教育の経済的負担の軽減等各種の制度を実施している。そしてさらに労働時間の短縮により男性を家事に向かわせた。意識として家庭を大事にできないなら結婚する資格はないし，子供と過ごす時間がない人は子供をつくる資格もない。「世界青年意識調査」の結果でも「家族といるとき生きがいを感じる」のは，日本は11ヵ国中最低であり，スウェーデンは高い率を示している。国によっても意識の違いがあるが，アメリカは結婚後も「仕事を持つ」ことに価値感を感じており，仕事を続ける女性は多く企業もこれを受け入れている。イギリスは男性あるいは社会の中にまだ「女は家で家事に専念」という意識は依然根強く残っている。しかし，訓練し能力を備えた人材を失いたくないためにも，各企業が託児施設をサポートしていたり，社内制度を整備するケースが増えてきた。スペインでは子供をもった後も働くケースはごく普通のこととして意識されており，これは生活上の中流意識を保つため共働きを必要としている。女性が外で働くことに偏見はないが，高齢世代では専業主婦が歓迎されている。

　オランダは，出産後の女性が仕事をもつことは他のヨーロッパの国と比較して低いようである。オランダは家庭生活を非常に大切にするので，父親も家庭にいる時間を長くするよう考えており，母親も家庭のだんらんの時間には必ず在宅するよう期待されているし，小学校では昼食を家に戻って食べることがある。

　このように国により意識に違いがあり，女性の就業への考え方もまちまちである。

　　◆　**女性の就業理由**　　女性で多い雇用形態はパート労働であるが，これは企業が成長期に労働力不足を補うためと，景気後退期に

は人件費の節減が図りやすいための調整弁となっているのである。女性が働く理由は経済的な理由が第一であるが，続いて余暇時間の利用や社会参加が多くなっている。これには子供から手が離れ家に居ることは，何となく社会から疎外された感じを受け，不安感に陥ることが理由の一つにもなっている。さらには生活をエンジョイするためにも経済的余裕を持ちたい等，家庭経済の収入増を図ることで，特に住宅ローンや子供が大きくなって教育費の増大による家計負担が多くなり，家計補助の役割として仕事を持たざるを得ない状況がある。専業主婦の割合は子供から少し手が離れる35歳あたりから少なくなって来ており，年々下降している。子供にほとんど手が掛からなくなってきた40歳代からの専業主婦はさらに減少している。これは女性自身がまだ体力のあるうちに仕事に就きたい意志が強い証拠であり，この年代で働いている人が多いのは働きやすい環境の整備が徐々に進んでいることが分かる。また親と同居の場合の主婦はさらに働きやすい環境ができている。かつては女性側から結婚相手の条件として，「家付き・カー付き・じじ，ばば抜き，」などと言っていたが，ものは考えようで，本人は勿論のこと親自身も同居の良い点を理解することが大切である。同居ならば子供が生まれても親に見てもらうことにより，自分が働きにいけば経済的にも楽になるはずである。2人だけの生活は確かに煩わしさがないが，隣近所の付き合いを考えるとなかなか大変である。隣は隣だから関係ないと割り切ればよいが，そうでないと近所付き合いがうまくできず精神面に支障をきたす人がいる。それならば地域の付き合いも親に協力してもらうし，お互いが気持ちよく地域のことも分担し，利用し合うことを考えれば親の同居も必ずしも煩わしくはなく，考

え方次第である。

 それでは本当に親と同居の方が働きやすい環境かどうか世帯構成の調査から見てみる。これは仕事をもっている場合の家族形態について，夫婦と子供からなる2世代世帯，と夫婦・子供と祖父母から成る3世代世帯の夫婦の雇用者率を比較してみると，3世代世帯の方が就業率は高い割合になっている。世帯構成は2世代世帯が圧倒的に多いが，雇用率が3世代世帯の方が高いのは働きやすい環境の証拠である。

 妻の雇用者率の高さは，子供の末子が4～6歳になると高くなる。これは保育園に就園する年齢になり，母親も昼間の時間を限定したパートなら働くことができるからであるが，逆に保育園に子供を入れるためには働いていることが条件になり，わざわざ働きにでる人もいる。手が空き勤めだして困るのは子供が小学校に入ってからである。保育園では午後6時頃まで園で預かってくれるが，小学校は下校が早いため下校後の子供を見てくれる場所が必要で，それがないと母親が見なければならないので働く場合でもパートしか働けない。そのため今，放課後の児童対策として留守家庭児童対策や地域の児童館などを利用して子供を一定時間まで預かる制度を国も援助しだした。そんな制度の充実もあり徐々にではあるが雇用率が高まってきた。子供の年齢が15歳以上で就労が少し低くなっており，これは親の年齢的（45歳前後）なものから地域に対するいろいろな役割（地域の役員など）が割り振られ，それを果たさなければいけない年齢になって勤めをやめる人もいる。

 ◆ **女性の就業分野**　女性はどのような分野に進出しているのであろうか。産業別の雇用状況を平成7年の国勢調査の結果から見

てみると,「金融,保険業・サービス業」は女性の雇用者が半数を超えており「卸小売,飲食業」もほぼ半数に達しており,この分野の割合が高くなっている。特にサービス業は早い時期から女性の雇用が盛んであった。「製造業・不動産業」も女性が3分の1強を占めており,これらは職場環境が働きやすくなった現れでもある。かつて男性中心の職場であった自動車製造ラインも機械化により重い部品もラインから運ばれるようになり,作業員が持ち上げる必要がなくなった。組み立ての位置も人が作業しやすいような高さに改善され,以前のような無理な位置でしなくてもよくなっている。公務員や建設業にも多くの女性の進出があり,建築士はもちろんのこと,トンネル工事等の土木作業現場の国の機関では女性技師が第一線で活躍している。最近話題になっているのはJRの機関車の運転士や新幹線の運転業務,さらには航空機のパイロットや自衛隊の隊員輸送のパイロットまで女性の活躍の場が広まってきた。また,女性の管理職や経営者も徐々ではあるが増えてきており,最近は関西経済界の会長も女性が就任し,女性の社会進出の著しさが現れている。

◆ **専門的・技術的職業への進出**　専門的・技術的職業分野に女性の進出が顕著である。経済のサービス化・情報化に伴い,専門的・技術的職業分野の必要性に応じた女性の占める割合が拡大,就業の機会が増えた。さらには女性側にも就業意欲の高まりにより技術的・専門的な技術を習得する人が増えている。従前から女性の専門的・技術的分野であった「保母」「栄養士」「看護婦」等は今でも9割以上が女性であるが,新しい分野として情報産業の発達,電子機器(コンピューター)を応用した幅広い活用により,今まで力を必要とした機械操作の職場にも機器の装置の発達により力の操作か

らボタンの操作により女性の活動の場が拡大していった。

国勢調査による職業分野の特徴的なこととして「情報処理技術」「獣医師」「記者・編集者」等は大幅に女性の進出が増加している。逆に女性の伝統的な職業である「看護婦」「栄養士」「保母」等はわずかであるが減少している。これは男性が「看護」「保育」等の分野にも最近は進出している結果である。国も法律を改正し男性が進出できるよう「婦」から「師」に名称を変更し「看護師」「保育士」として男性にも門戸を開いてきた。それぞれの個性・才能を生かした多様な分野への進出がうかがえる。

◆ **女子学卒者の就職**　高学歴化を反映し，平成3年には4年制大学卒業者の女子の就職率は81.6％と男子の81.1％をわずかながら上回った。しかし，これが平成8年度は65％，平成12年度は55.0％と落ち込んでいる。日本経済の低迷により企業が採用を手控えているからである。法律的には「男女雇用機会均等法の改正(1999年)」等により改正前の均等法に比べ，男女の差別禁止が明確に打ち出された。しかし，企業は女子にも雇用の門戸を広げ，営業，製造業，建築現場の分野にも女性の活用を図ったが，まだ労働基準法の中に女性の特権制限条項があり，これがネックになって業務の内容や配置転換の有無など企業側が自由に裁量できる部分にも制限が加えられ，企業として使用の自由が効かないこともあり採用を手控えることはある。そのため採用基準に条件を加え職種をいくつかのコースに分けて採用しているところもある。コース毎に異なる配置，昇進，教育訓練など雇用管理を行う「コース別雇用管理制度」等，男女の性別を意識せざるを得ないが，表だって差別が出せないため本人の能力や意欲を中心とした「名目雇用管理制度」を導入し

ている企業もあり，これがしばしば裁判沙汰になることがある。最近の女子学生の就職率の低下の一つに，法律では女性の保護策として性別の制限条件がのぞかれているが，実際仕事の現場で適任性を判断した場合女性でよいかどうか疑問の面もあり，就職決定時に水面下で企業が女性の雇用の選択をしているような気がする。これには女性自身も世の中に甘んじることなく反省をする必要がある。しかし，意欲をもって就職した女子学生に差別的な雇用管理をしている企業がまだまだあり，仕事と出産，育児との両立が難しくやむなく離職する人がある。職業と家庭生活が両立できる支援制度とそれが確保される法律の整備がされない限り，まだまだ多くの問題がある。さらには，女性は家庭を中心に守っていればよいなどという男性の意識を改革する必要がある。

　近年の景気後退で女子学生の就職は超氷河期を迎えた就職浪人や派遣社員・フリーター等が増えている。その影響が多少あるかもしれないが永久就職の結婚でもしようかという人が現れて来ているが，考え方の動機が安易であり地に付いた結婚意識でなく，女性の結婚者の増加理由として不安定要素を残している。

　最近の国際化の風潮の中，職業に対する考え方も多様化し，なかには外国留学の資金稼ぎのために2～3年働くという人もおり，企業側も将来的な戦力として当てにできない面があり，将来を踏まえた研修や戦力に対する期待感を躊躇する面がある。この辺も女性側が職に対する意識を地に付いたものとして考える必要があり，企業側にこの不安感がある限り女性への期待感も薄いし一時的な戦力の域を抜け出ることはできない。

◆　**女性の賃金の上昇**　　賃金についてどの程度男性に接近して

来たかその推移を見てみると，年齢階層によりかなり賃金差があることが分かる。これは一般的に女性の仕事に対する責任性と企業側の期待感の認識に違いがあり，女性の長期雇用者が少なく職業に対する意識にも問題がある。一つは女性の職業者が結婚・出産までの期間を目標にしている人が多く，職業補助者で満足し向上心の努力を怠っている。子供の成長期を過ぎると女性はスポーツや趣味に走り，時間つぶしの友達探しに力を注いでいる。仕事で管理している施設にテニスコートがあるが昼間のテニスコートは40～50歳代の女性ばかりで，盛夏の気温が35度でも張りきってスポーツを楽しんでおり，運動の後はレストランなどで井戸端会議，その間，男性は仕事で苦労しており，この生き方が退職後の過ごし方にもなっている気がする。

　女性の賃金もかなり男性に近づいて来ており，若い新人の時代は賃金の格差が少なく年齢とともにこの差は開いていく。これは企業側が女性を男性並みに一人前の戦力として扱かっていないのと，補助的な業務が主流になっているためとの見方ができる。このうらには結婚＝退職の構図があり，どこまで期待をしていいのか企業側に不安感がある。しかし，最近は一部の人に男性並みの待遇と仕事上の能力も責任意欲も十分な女性が少なからず活躍しているが，まだまだ女性・企業双方に意識の変革が必要である。年齢とともに賃金に差がひらくのは男性は基本的に長期雇用者として企業の期待感もある。しかし，女性に対しては仕事に対する責任性や永続性の期待感がまだまだ薄いため賃金も男性より低くなっている。戦力の期待感の差と思われる。

　特に女性の35歳前後は子育て最中の年代でどうしても家庭中心

の生活であり，企業側としても仕事優先の期待がもてない。当然仕事の中身は男性の補助的な業務が多く賃金は低くなっている。これは現在の社会生活の中ではしかたないものと理解できるが，自分の周囲を見渡しても仕事の責任感に女性の甘えを感ずるのは否めない。

しかし50歳代になると長年のキャリア中心の女性が多くなりベテランで当然賃金も高くなっている。反対に，男性は退職を前に賃金も頭打ちになる人が多く，昇給の額も少なくなって来ており差が接近している。さらに学歴，企業規模，勤続年数等，労働者の属性の違いを調整すれば格差は縮小する。賃金上昇は女性の職場進出を促進し経済的自立を促すが，結婚観に対する意識は遠のくばかりである。

2 女性の社会進出と家事

◆ **生活時間** 女性の中でも特に主婦の就業率が高まったのは家事の省力と家事化型耐久消費財の普及により，主婦の家事労働が時間的・質的に軽減され，ゆとりができたことも大きな原因の一つである。電化製品の普及と主婦の家事時間の変化を比較してもこれが分かる。電気掃除機，電気洗濯機，電気冷蔵庫等は昭和50年頃には各家庭にほぼ普及したが，最近の冷蔵庫は400ℓ以上の大型のもので多くの食品のストックが可能になり買い物も毎日しなくてもよくなった。さらには電子レンジの普及も冷凍食品や加工食品の発達を促し「炊事」の省力化に大きく貢献している。また，全自動洗濯機や衣類乾燥機等により洗濯作業時間が大きく減少し，家事時間の省力化につながっている。これら耐久消費財は，消費者の需要変化で製品も消費者の希望を積極的に取り入れ進化して来ている。冷

蔵庫の大型化や冷凍食品の普及により電子レンジの需要も伸びてきた。洗濯機は全自動洗濯機が58年頃から普及しだして洗濯作業の省力化に大きく貢献しており，衣類乾燥機も普及して来た。カマドを廃止に追いやった電気がまは昭和40年頃を境に少なくなった。これは都市ガスやプロパンガスの普及により「ご飯炊き」がガス釜に取って代わられたからである。しかし，最近は単なる電気がまでなく電気炊飯器としてIHマイコン形式で夜寝るときにタイマーセットしておけば，朝指定の時間に炊けて保温もでき便利になった。さらに最近は無洗米の普及で米をとぐ必要がなく水だけ足せば美味しいご飯が出来上がり手間が省け電気炊飯器が見直され出した。その他ふとん乾燥機なども50年後半から普及しだし，平成3年には30％の普及の仕方である。

それではこれらの機器の発達により主婦がどの程度家事労働から解放されたか機器の発達の変化と照らしあわせてみると，NHK「国民生活時間調査」によりこの20年間に全体で39分短縮された。個別に見ると炊事が28分，掃除が11分減っている。反対に多くなっているものもある。例えば，洗濯は機械そのものは高性能になり，より能率的になったが，衣生活の多様化で物の量が増えたので洗濯の頻度が増した。しかし，家事全般を考えると機器の自動化により洗濯中でも他の家事をすることが同時進行でできるように，かなり大きな家事作業時間の省力化につながった。

炊事も食生活の多様化で料理の種類も多く作るようになり，市販されている総菜類も種類が多く味もよくなった。少し手を加えるだけでレストラン並みの料理を味合うことができ，家事の省力化と同時に，料理の多様化も図られ家庭料理もバラエティに富んだ食生活

になった。

　昔の主婦のやっていたような，裁縫，編み物は今はほとんどしなくなっている。家事時間で空いた分，外へ出る機会が多くなり，買い物に時間を費やすことにつながり，全体の時間短縮にはなっていない。他の作業時間が短縮された分，子供の世話がわずかながら多くなっている。また家庭雑事も多くこの中には老人や病人の介護の時間が入っており，これからの時代は老人や病人の介護のウエイトが高くなる。当然ではあるが乳幼児にかける時間が長くなり，それが家事全体にかける時間の違いにもなって現れている。これはある程度出生率と相関関係があり，出生率は昭和45年は2.13人，55年は1.75人，平成2年は1.54人で，45年の頃は子供の数も多く子供の世話をする以外に関連する家事作業量も多くなっていた。子供の世話に時間をかけられなかった時代であり子供に接する時間も少なかったが，その代わり兄弟が多ければ子供同士で世話をし合うこともできた。しかし子供の数が少なくなると関連する家事時間も少なくなり，反面，子供にかける時間的余裕ができてきた。その証拠には家事時間の減少に反して育児にかける時間が多くなったという結果がでている。

◆　**主婦の生活時間**　　日常の主婦の生活時間を考えてみると，専業主婦や共働き主婦，その中でもフルタイマーとパートタイマーによっても違いがある。NHKの「国民生活時間調査」の結果からでも睡眠時間はそんなに変わらないが，家事に対しては平日も日曜も専業主婦の方が多い結果が出ている。共働きの主婦では勤務形態によって多少の違いが出ているが，専業主婦とでは全体的に生活時間の違いが出ている。炊事にかける時間を取ってもフルタイマーの

人は日曜は家族を含め外食の機会が多くなっているため炊事時間が少ない。日曜の家事時間の少ない方からフルタイマー，パートタイマー，専業主婦の順になっている。掃除については共働きの主婦は休みの日にまとめてやるため日曜に多くなっており，当然，平日は少ない。子供の世話はパート勤務者よりフルタイマーの人がわずかながら多い。フルタイマーの人は家族との接触時間が短いため，出来るかぎり子供との関わりを大事にしているところがみうけられる。パートの人はフルタイマーの人より子供との接触時間は長いため特に気を使う必要性を感じていない。それと最近は子供の「塾」通いが多く，学校から帰って来る時間帯にパートも終了し，同時に塾に送り出すため，学校終了後家庭内で子供と積極的に係わることがないと想定できる。ただ意外に思うのは家族との対話時間が少なく専業，共働き主婦，平日，日曜に限らず30分内外と少ないことである。もっと家族との対話時間を増やすべきであると思う。特に子供との対話の少なさがしらずしらずの内にコミュニケーション不足をまねき，ストレスや親子の心の断絶や家庭内暴力をさそうことになりかねない。はては，家庭崩壊やいじめの原因にもなっており子供の心をむしばんでいる。

　専業主婦はテレビを見る時間は多い。フルタイマーの人が日曜日にテレビを見る時間が少ないのは，一週間の家事をまとめてしなければならないため，時間的な余裕がない。働いている人は日頃の家事を日曜日にまとめて合理的に実施し省くものは省いていることがうかがえる。当然ではあるが，在宅時間は勤務形態により平日に大きな差がでている。日曜日にフルタイマーの人は平日に行うべき家事を済ましたりしているが，外食などに出かけるため家にいる時間

は少ない。全体を見ていえることは，働いている人は常に忙しいが，専業主婦は余裕をもった生活時間の配分ができる。大きくいえば一生の間の人の過ごし方には忙しく過ごすか，ゆとりをもって過ごすかの違いがあるが，また，性格にもより，充実した時間の使い方をするか，だらだらとむだに過ごすかの違いもある。どちらを選び，どう過ごすかは本人次第である。

　これまで見てきたように，女性の職場進出は急速に進んでいる。それに伴って，女性が仕事と出産・育児を両立していく困難さも大きな問題となっている。

　こうした状況は，女性に子供を生むことを躊躇させ理想の子供数を下回る結果となっている。子供をもちたい人が希望通り子供をもてる状況に改善するするために，仕事と出産を両立できる制度の整備や，地域社会・家庭内に従前からの男女の役割分担の意識の変革が必要であり，特に男性の意識改革が望まれる。

3　女性の職場進出と家族の変化

　長年のあいだ男性中心の就業社会の中で，女性が職業をもつことには障害も多く，さらに家庭生活との両立は難しかった。しかし時代とともに伝統的な家事の性別分業も変化してきた。家庭内で女性つまり母親が仕事と家事を両立させるために，家族の環境がどのように変化してきたを考えてみた。

　◆　**男女の役割分担意識の変化**　　高度経済成長による社会環境の変化で，家族形態は大きく変わり家族の役割分担の意識も変化して来た。以前は夫は雇用労働者として外で働き，妻は家庭内で家事・育児を行うといった役割分担が一般的で，女性は家庭において

子供を産み育てることが目的であった。それが高度経済成長とともに女性の就業機会が増加して家庭内の性別分業も変化したのである。人々がどのように変化してきたかを考えてみる。

　まず家庭における男女の性別分担意識の変化は、「男は仕事，女は家庭」に対する意識調査で、「同感する」という男性は昭和60年の51.7％から平成2年の34.7％に減少している。女性は60年の36.6％から平成2年には25.1％に減少している。他の調査で経済産業省の「平成4年度国民生活選好度調査」でも「女性は家にいて家事をすべきだ」という意識は年代により多少の違いがあるが、20歳代から60歳代による調査で男性が17.2％，女性が10.8％になっている。ところが「どちらかといえば家事をすべきだ」と本音の部分を加えると男性66.2％，女性52.4％となっており、まだまだ家事は女性がするものという意識は強い。若い人は女性の社会進出に賛成派が多くなって来ているが、女性でも半数は家事は女性の仕事と考えている人がまだまだいる。それでは家庭での家事で男女の役割分担の考え方はどうだろうか、これも調査結果から夫婦の家事分担について判断してみるが、共働き世帯と専業主婦の世帯では家事分担に違いがある。しかし共働きや専業主婦の世帯全般にいえることは、夫は「子供のしつけ」「家計の管理」を挙げた人が多く、「食事の支度」と答えた夫は妻に比較し非常に少なく、もっぱら妻の役割になっている。夫の家事分担の内両世帯共子供への係わりの面は大きいが、衣食住に関する日々の家事については補助的な分担が多く、共働き世帯でも妻の家事分担が大きい様子がうかがえる。妻は「食事の支度」「家計の管理」「子供のしつけ」が多く、「ゴミ出し」位は多少夫に協力してもらっていることはある。妻が社会進出するためには

もっと家事について夫の協力が必要になる。それでは望ましい家事分担としての意識は，両世帯とも「どちらかと言えば妻中心」と答えた人が多く約半数以上いる。専業主婦の夫は8割の人が「妻中心」で家事は妻まかせとなっている。

　さらに夫の家事参加についてどう評価されているかであるが，まだまだ不十分と答えた人は多い。他の調査からも「不十分派」は当然共働き世帯の方が多い。夫と妻でやはり差がでている。この調査の中で若干若い世代にも性別分業を肯定する傾向が見受けられる。この考えは日本の家庭，家族観に深く根差しており，自分が育った今の家庭生活を通じ意識の中で浸透していると思われる。女性が家庭の外で仕事をもつためには「家事は女性の仕事」という固定観念をなくし，「夫婦が協力して行うもの」といった考え方を広く浸透させることが大切である。

　意識の変革の必要性と社会生活の中に時間的なゆとりを作り，男性が家事に目を向けられるように仕組みを変えて行くことが必要であるが，そのネックとなっているのが労働時間及び通勤時間の長時間化である。そのために労働時間短縮や特に都市部での通勤時間の短縮が図れる交通体系の発達が必要である。東京圏内で片道2時間位の通勤は当たり前でありこれを解消しないと夫は家に帰り着く頃には疲れはて家事どころではない。通勤時間の長時間化は住宅事情と大いに関係があり，ますます通勤距離が遠のいているのが現状である。休日は日頃の疲れをいやすために費やす必要性がでて来ている。しかし最近は長距離交通網も発達し毎日の通勤は都心内の一人暮らしのマンションからで，週末になると離れて暮らしている家族の住む自宅に帰り，月曜日にはまたマンション暮らしに戻る週2日

の家族生活を繰り返している人もいる。最近は核家族化でさらに子供が少ないため，親の高齢化で介護が必要になった時に近くに住んでいる子供がいないと遠くても週末には親の介護のため古里へ帰り，食事洗濯など1週間分のメニューをこなして再び都会の生活に戻っている人もおり，今までにない日常生活上の問題点が発生し新たな対応策が懸念されている。

◆ **子育て時間の増加** 家事省力型耐久消費財の普及や各種サービスの発達により，家事時間の省力化が図られ，余裕の出来た時間に子供の世話をすることができ，この時間帯が長くなっている。これを6歳未満の乳幼児のいる家庭婦人と，いない家庭婦人を対象に家事時間を昭和45年と平成2年の20年間で比較すると，乳幼児のいる人は23分長くなっており，いない人は44分短縮しており対照的である。しかも家事時間のうち「子供の世話」の時間をみると，6歳未満の乳幼児のいる人は45年と比較し1時間ほど長くなっている。さらに育児環境も変化し育児に便利なものも出来てきた。紙おむつ・粉ミルク・離乳食等人工栄養が普及し，育児の負担は以前と比較し大幅に軽減されてきているが，核家族化が進んだことでかつてのように同居の祖父母に協力をあおぐこともまた，少子化により年長の子供が下の子の世話をすることも少なくなってきた。そのため主婦一人に育児負担がかかってきて中には育児ノイローゼになる人もおり，それが幼児虐待につながるケースもあり大きな社会問題になっている。都会では相談する人も近くにいないことが多く，育児で困った時も相談相手がいないため一人で悩みを抱え込んでいる女性は多い。また頼みの綱である，夫も自身の仕事のことで悩み，育児の相談者にはなりきれず途方にくれる状況をうんでいる，これ

も核家族化の弊害である。

　子供の数が減少しているため，一人の親が生涯におけるライフサイクルに占める子供の係わり期間は以前より少なくなっているが，育児は省力化できないことが多いため，一人の子供にかける子育て時間は長くなっている。そのため育児に対する理想論が先走り，理想的にできないとどうしてよいか不安になり，自分だけが社会から置き去りにされた錯覚に陥りノイローゼになる人が多く，それが子供への憎しみに振り向けられ幼児虐待が起こる場合もある。

　◆　**女性の職場進出と子育て・家事**　　家庭の主婦が外で働くことは，子供や家庭にどんな影響があるのか，社会の反応はどんなものかを考えてみる。専業，有職各主婦で一番多い悩みは「子供に目が届かない」「家事が十分できない」ことである主婦が働きに出ることのプラス面では，「家庭が明るい」「家計のゆとり」「子供の自立」「夫が家庭のことに係わる機会がふえる」等があげられる。反対にマイナス面は「家族のだんらんの時間が無い」「高齢者の面倒がみられない」等が挙げられる。年齢的にも家庭でちょうど子育ての時期にあると思われる30歳〜39歳の人はパートタイムで働く人が多いが，これは「自分の都合のよい時間に働きたい」人が多い，次いで「家事・育児のため」になっている。この意識から子育て期の女性は家事・育児を優先させて働くケースが多く，逆に家事・育児のために就業が制約されているとも考えられる。

　女性が外で働くためにはどんな環境の整備が必要かを調査した結果を見ると，共働き世帯が望む必要な制度や環境の希望として「育児休業制度の充実」を挙げる人が多く4割以上に上っている。夫のほうは「育児手当の充実」「出産費用の補助」など経済的な援助を

求める人が多い。妻は「労働時間の短縮」「保育園の充実」「育児環境育成」と子育ての時間の確保や就業を続けながら育児をするのに必要な制度や設備の充実を望んでいる。また夫の家事分担と答えた妻は22％もあり，住宅についても子育てができる環境の整備が必要で，子供が大きくなるにつれて部屋数も必要になってくる。子育て支援策の今後の参考にすべきことは，ここには挙げられていないが「事業内保育」「保育時間の延長」「保育料の負担減」「育児相談体制の充実」等が重要である。さらに小学校入学後の対応として「放課後児童対策」が望まれる。共働きだと子供の下校後，家でだれも子供を見る人がいないため勤めを辞めなければならない女性もおり，家の近くで託児施設があればよいが，それも午後7時位まで見てくれる施設が必要になってくる。3世代世帯なら祖父母が協力できるが，最近の2世代世帯だと子供を見てくれる人が誰もいない。それができない人は基本的には就業できないことになる。スウェーデンは地域の中に子供を預かる託児施設（近隣の人で普通の家）を設け，その人に国から手当を支給しており，家の近くで預かってくれるため働く女性も安心して仕事ができる体制が整っている。

　企業の社宅等では，この制度が取り組みやすいと思う。最近企業もボランティア活動が盛んになって来たが，他人の世話をすることも大切であるが，自分たちの足元をもっと見直しお互いの協力関係を図れば仕事のうえにおいても一層の企業意識が生まれると思われる。そうすれば，そこに働く企業の妻は働きやすい体制ができ安心して就業できる。これは企業意識の醸成のためと従業員の福利厚生の意味からも企業の負担で良い。さらには各世帯の所得の向上にもなり従業員の意識も，企業への帰属意識も増す。ただ預かるだけで

なく希望者にはアルバイトを雇い，発展した考え方として学習塾へとつなぐことができる。この学習塾も従来からの「勉強を中心」ではなく，社会性を育てるための意味もあり忙しい父母に変わって，人との交わり方の大切さを教え集団としての意識向上を図り社会の仕組みを教えるものである。いまの世の中に一番欠けているのは人を敬う心と他人への協力，協調する意識である。また，家族で行動することが大切であり，ボランティア意識の向上を図ることが必要である。

4　離婚観の変化

夫婦は他人同士が縁あって一緒に生活することから始まる。もともと生活環境や性格の違う者同士が共に生活をすることが結婚で，長い家庭生活の間には考え方や意見の食い違いは当然起きる。お互いがどこで相手の気持ちを理解し協力，妥協することができるか相互理解の気持ちがなければならない，それが理解できずに自分の我にこだわる人は離婚せざるを得ない。

◆　**最近の離婚状況の変化**　　離婚は増加の傾向にある。これも女性の所得の向上と無関係ではない。一人で生活できる能力があれば我慢して結婚生活を続ける必要はないと思っている人が多く，1人くらしの生活をエンジョイすることを優先している。結婚後の生活より現在の生活状態から抜け出る勇気がない人が多い。また我慢できない人も多く相手と生活感覚の違いが出た場合，一緒に生活する努力をしなく別れることしか考えない人も多くそれが離婚につながり，最近はこんな考え方の人が特に多くなったと感じる。

離婚の成立には，いろいろな方法がある。一般的には，夫婦の協

議により届け出が行われ離婚が成立する「協議離婚」が全体の9割になる。次に多いのが感情問題や子供の養育・財産問題などで当人同士では話ができず，家庭裁判所の調停委員により判断を仰ぐ「調停」，後は裁判まで持ち込んで裁判所の判決を仰ぎ離婚する人でこれもわずかながらある。

　なお，最近の傾向として長年連れ添った「熟年離婚」の人が増えて来ている。

　結婚後どのくらいたった人に離婚が多いか同居期間別で見てみると，5～10年が一番多いが，最近の傾向として20年以上生活を共にした人の離婚の増加が目立つ。さらに結婚後1～5年の離婚も上昇傾向にある。最近は子供がいても平気で離婚するケースが多く，この背景には女性の意識変化があり，少子化や女性の社会進出（就業）と大いに関係がある。女性側に経済的保障があれば何も我慢して結婚生活を続ける必要もなく，別れて自由に暮らせばそれにこしたことはない。それに女性の親も自分の娘に我慢させるより，今は兄弟も少なく親が自分の手元に引き取って，孫との生活も充分可能であり，兄弟間のいざこざも比較的少ない。自治体の窓口で相談を受ける内容で，若い人の離婚は離婚する本人でなくその親が相談にくる事例が多い。そんな背景をふまえ子供は母親が引き取る事例が多いため，児童扶養手当の申請でも圧倒的に母親側からが多い。性格不一致が離婚の理由によくあげられるが，性格というより育った生活環境や価値観が違うところに原因がある気がする。結婚する以前は当然育った生活環境の違う者同士が同じ家の中で生活することになる訳で，違って当たり前でありそれぞれが少しずつ歩み寄る努力が必要である。それができない人が最近は多く，自分の考え方に

固執し，相手に合わせる気持ちがない。これは今の生活環境を考えれば分かるが個室の一人部屋で，ゲーム遊びはファミコン，中には食事も自分の部屋に運んでもらい，親子の会話も一日しないこともあり，当然他人に気兼ねする必要がなく，常に自分だけで好きなことができる環境で育っているため我慢することがなかなかできない。そんな環境で育った者は，結婚後の生活でも同じように自己中心的で相手のことを考えない。それが生活観の違いや価値感の違いになって表れ，お互いにいたわりの気持ちや相手の立場を考えないことにつながるのではないだろうか。

　最近の平均的家族の子供の人数は2人が多いが離婚者も多い。それに結婚1年未満で1万7千件余組の人が離婚している現状を見ると，この人達は結婚したとき相手に愛情を感じて結婚したのだろうかと疑問に思う。結婚した当時どんな気持ちでしたか，その時の気持ちを思い返してみることも必要ではなかろうか。みんな結婚したときには何らかの期待感をいだいて結婚しているはずである。それが1年位で相手の性格が理解できるはずがない。さらに子供がいない人の中には早い離婚も多く，これらの人が占める率も高い。一度離婚した人を「バツイチ」といって自己主張の強い人の象徴みたいにマスコミがもてはやしたときがあった。これなどはマスメデイアの常識を疑う行為である。その時代にうければなんでも言葉を使って良いというマスコミのあり方はおおいに反省する必要がある。テレビドラマもネタ不足からか，どの放送局も同じ傾向のものを放映していることが多い。番組制作こそ特色を出しもっと自己主張してほしい。こういうマスコミの影響を受けた今の人達が当たり前だと思うような常識で成り立って行くこと事態が問題である。

◆ **離婚した子供はだれが育てるか**　離婚すれば子供は基本的にはどちらかの親が育てなければならない。最近の離婚後の子供の親権者はほとんど母親である。しかもその母親は親元へ帰って暮らしている例が多く，それ以外には親の近くに住居を構え子供の世話は祖父母が行い自分は就業している例が多くある。私の家のちかくに女性を多く雇用している企業があるが，その中でも離婚者を多く雇用している「遊技場」があり，企業自体で保育施設を持ち母親の勤務中はこの施設で子供の世話をしている。そのため安心して母親も働くことができ，いわゆる企業内保育の実践である。働く場所さえ確保できれば母親が親権者になるほうがよいと思う。最近は3対2くらいの割合で母親が子供の親権者になっている。

以前は夫（婚家）が子供の面倒を見る例が多かった。これは家制度の名残で子供は婚家の者という意識があり夫側で養育していた。この頃ほとんどが3世代の家族関係で暮らしており，共稼ぎ夫婦や働いている女性も少ないため子供を養育する生活能力（特に経済面）がなく，離婚後の夫側では夫の親や姉妹などが育児に当たっており，当然，別れた女性の場合，経済面の保証がないため養育していく生活力に不安感がある。それが今は妻側がその役割を果たしており，女性の生活水準が上昇するにつけ，女性の自立できる社会も離婚に影響しているが，その裏には男性の努力のなさもうかがえる。男性の家庭生活への意識改革が必要である。

◆ **熟年離婚の増加**　同居期間の短い人の離婚が多いのは先に述べたが，一方最近は，長年連れ添った熟年夫婦の離婚も増加している。その背景にはどんな意識の変化があったのだろうか。先の意識調査では，50歳未満の意識の中には「問題ある結婚生活なら解

消した方が良い」とする人が「子供が犠牲になり離婚は良くない」とする人を上回っている。これは子供のことを気にしないというより，離婚するほど危機的な夫婦が無理に一緒に暮らし冷たい家庭では子供に与える影響が大きいと考え，離婚を選ぶ人がいると思われる。男性は女性と考え方が違い，「子供が犠牲になりよくない」とする人の割合が他の項目より高い。「一旦結婚したら最後まで添い遂げる」という考え方も女性より多い。女性で若い年齢層の人は離婚に関し抵抗感が少なく，反対に年齢の高い男性は離婚反対派の人が多く世代間や男女間の違いでもギャップがある。毎日の相談業務の中でも若い人の離婚者の申請が多く，しかも若いだけに結婚期間の短い人が多い。

◆ **離婚理由**　　離婚に至るにはそれぞれの理由があるが，一般的には「性格が合わない」の動機が一番多い。協議離婚で済めばよいがそうばかりではなく，双方の利害関係がからみ家庭裁判所等の調停に持ち込むものも多くある。離婚理由のトップは「性格が合わない」が一番であるが，結婚の相手に望む理由は「性格が合う」がトップになっている。これらを比較してみても若い人が求める結婚の条件の「性格」とは一時的なもので，恋愛で相手が「好き」になればハロー効果により本心が見えず，「性格が合う」と錯覚していると思われる。一時的な熱に浮かされた恋愛は別れるのも早いが，本来の結婚とは育った環境の違う者同士がお互いに相手を認め合いながら，長い時間をかけて生活をともにして行く中で育むものである。

図2は裁判所に申し立てた27,973件のケースから離婚の理由について見たものであるが，男性の場合「性格が合わない」が一番多い。

図2 離婚申し立ての動機別理由

●夫が申し立て人の動機別割合

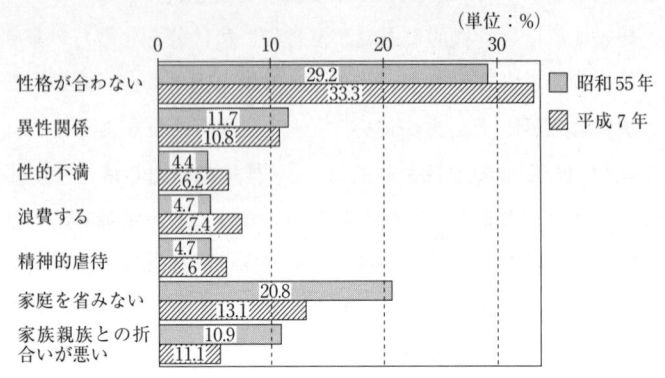

(単位：%)

動機	昭和55年	平成7年
性格が合わない	29.2	33.3
異性関係	11.7	10.8
性的不満	4.4	6.2
浪費する	4.7	7.4
精神的虐待	4.7	6
家庭を省みない	20.8	13.1
家族親族との折合いが悪い	10.9	11.1

●妻が申し立て人の動機別割合

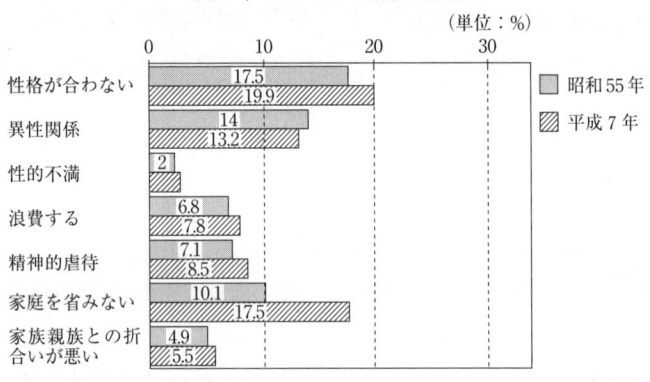

(単位：%)

動機	昭和55年	平成7年
性格が合わない	17.5	19.9
異性関係	14	13.2
性的不満	2	
浪費する	6.8	7.8
精神的虐待	7.1	8.5
家庭を省みない	10.1	17.5
家族親族との折合いが悪い	4.9	5.5

※ 最高裁判所「司法統計」より

その次に「家庭を省みない」そして「家族親族との折合いが悪い」であるが，家庭を捨てる人として，元々の原因の中には，異性関係や性的不満等の積み重ねにより「家庭を省みない」につながるようである。妻の場合は「性格・家庭・異性」となっており，「家族親

族との折り合い」についてはうまく親戚付き合いができないため，自然に家庭内で妻が孤立しているのに，夫が相談相手にならない。また適当な相談相手がおらずどうしてよいかわからず，あげくの果ては妻が悪者になり離婚した例もある。離婚理由で「性格」に関しては男性側が高いが，恋愛時代にはいいかげんな見方で彼女を見ていたに過ぎないことがいえる。

　この「性格」については結婚時も離婚時も一番の理由に挙げられていることは，結婚のためには最も必要な条件であるが長年のそれぞれの生活の積み重ねを簡単にわかり合えることはない。それまでに育った期間と同じ期間は最低でも必要で成長期に身についた性格は直せるものではない。当然短日時で相手の性格を理解することは難しく，それだからこそ結婚時に冷静な目でしっかり相手を判断することが必要で，結婚後はお互いが歩み寄る努力が大切でそれが離婚をしない結果にもつながる。

　◆　**外国の離婚の動向**　　離婚の動向を国際的に見てみると，背後には各国の家族制度や法律，慣習や意識の違いもある。先進諸国については女性の地位向上に伴い離婚率が上昇している。子供にとっては離婚が必ずしも良くないと思いつつ，両親の関係が悪化しているのに結婚生活を続けることは子供のためにもっと悪いという意識はどの国の人にもある。諸外国は70年代から80年代にかけては大きく上昇しているが日本は徐々に上昇している。各国とも80年代から90年代は大きな変化はないが，アメリカは80年代2割に達している。離婚の意識は，社会保障制度が確立しているかどうかと無関係ではなく，国民性の違いも無視できない。その証拠としてスウェーデンはアメリカより子育てに関する社会保障制度が完備して

表17 離婚率の動向（件／有配偶女性千人対）

年	1980年	1990年
日　　　本	4.8	5.1
ア メ リ カ	20.3	20.8
フ ラ ン ス	8.4	8.4
イ ギ リ ス	12.0	12.9
ス ウ ェ ー デ ン	11.1	11.7

出所）旧厚生省『人口動態統計』1998年

いるが離婚率は低い。

ただし，スウェーデンは結婚に対する考え方の違いがある。それは第1子の出産年齢より初婚年齢が高い状況があり，子供を出産し，ある程度生活を共にしてから婚姻届が出される国柄であり，この離婚が法的に基づいたものかどうかが分からないので単純に比較することはできない。かつて日本には農村を中心として「足入れ婚」制度があった，試しに婚家にはいり生活を共にするという。この家の家風に合うかどうか，子供ができるかどうかで相手の家の「嫁」として合格すれば正式に親戚に披露され結婚ができるが，子供ができなかったり「嫁」として合格しなければそのまま戻される。当然，婚姻届もなかったが，これは結婚が「家」中心に考えられていた時代のものである。アメリカの「結婚生活に問題が生じた場合の離婚に対する考え方」をアメリカ人の意識で見てみると，日本では子供への影響を考慮するが，アメリカは夫婦の意志を尊重し自分の子供に対してでもそれほど考慮していない。「子供にとって犠牲になり良くない」は日本は30％を超しているが，アメリカは20％。日本の意識もだんだん欧米並みになってきている。

◆　**婚姻届を出さない男女**　男女がともに生活する基本は婚姻届を提出し法的に認められて結婚生活をすることであるが，最近は婚姻届を提出しない男女もでてきている。日本は婚姻届が重視されているが外国では「結婚は個人の問題だから婚姻届は出さなくても

よい」とする考え方が強い。意見を裏づけるように婚外子の割合は日本では1％であるが，アメリカ，フランスでは20％台，スウェーデンでは半数以上が婚姻届にこだわらない出産である。こうした状況は子育てに対する社会保障制度と関係がある。女性が就業しながら子育てができる環境が整備されていれば，夫のいる「家族」にこだわる必要性はない。子供がいてもどんどん社会に進出できる。

　日本では結婚によらない出産をすると，「未婚の母」といわれる場合がまだまだ社会的認知度が低くきびしい状況である。こうした考え方について（財）余暇開発センターの調査から各国の意識についてみると，日本の場合は48.5％が認められないとしているが，意外なのはアメリカは54.8％で僅かであるが日本より多い。日本は認める人も31.1％あるがフランスは60.8％であり，認めない人は20.9％で少ない。ただ設問の仕方が「ある女性が子供はほしいが特定の男性と永続関係はもちたくない，未婚の母でありたいと言ったとします。あなたはそういう考えを認めますか」という質問であり，最近の女性は日頃の会話の中でもそんな会話が飛びかっている。事実子供を出産してすぐ離婚し，母子手当（児童扶養手当）の申請をする人が多い現実から，納得できる回答かなと思われる。ただ日本の場合は社会保障が完備されている上での判断でなく，単なる「何とかなる」感覚で最後は親の世話になればよいくらいに考えており，自分のわがままによる計画性のない人が結構多くいる。日本ばかりではなく外国でも同様な考えの人はいる。これは家族としての考え方の意識変化の現れである。これらの人から言えば「結婚」も真剣に考える必要性もないと受け取れる。これも現実の婚外子の急増と符合する結果となった。

5 少子化を巡る外国の動き

◆ **都市人口**　今日の欧米諸国の少子化や家族の変貌の背景には，社会や経済の動向の変化に大きく左右されていることも考えられる。死亡率の低下や産業の発達により人口も急増し，増加した人は都市へ都市へと流入し移動していった。産業も農林漁業関係から工場へと都市的な職業従業者に変化し，都市集中へのキッカケづくりになった。都市人口が多くなれば職業も変化しサービス産業の発達を促し，利便性と合わせさらに人口の集中度合いを増していった。人は便利な都市生活にあこがれ生活様式もそれにならい，便利な器具を生み出していく。それが産業の発達に変化を与え経済効果も向上していった。日本が1940年代から50年代に都市へ人口が集中していったように，今中国がそんな時代の流れの中にいる。中国の場合は社会主義の解放と合わせ，農業に対する魅力がなくなり地方の人が都市へ都市へと職を求め出稼ぎのため集中しているが，産業の発達や就業の場所が人口の集中の進み方に追いつけなく，都市には

表18　都市に向かう人口

(単位：%)

	1950年	1970年	1990年	2000年	2025年
日　　本	50.3	71.2	77.0	77.7	80.1
アメリカ	64.2	73.6	75.0	77.0	84.6
イギリス	84.2	88.5	89.1	90.0	93.3
フランス	56.2	71.0	74.3	76.7	84.7
西ドイツ	72.3	81.3	87.4	89.6	93.3
中　　国	11.0	17.4	33.4	47.3	65.8

出所）旧厚生省『人口動態統計』2000年

職もなく生活のメドの立たない人が多くいる。

　イギリスは早い時期に都市への人口集中をみた。その後も徐々に集中して現在は90％近い集中度である。日本はアメリカ・フランスとほぼ同様な進行状況であり，この人口の集中度合いもフランス交通網の発達や都市以外に魅力を持たせることとおおいに関係がある。都市以外に人を引き付ける魅力があれば現在の居住地から離れる気持ちも起こらないと思う。日本の場合は地方も随分便利になったが，さらに交通網の発展が促進されれば都市に移り住む必要もなくなる。都市への人口集中も中国を除いてほぼ90年代に急激な進行は終わっている。今後も，若い人を中心にまだ都市への人口集中は進むかと思われるが大きな変化はないであろう。90年頃は企業が地方分散化の工場再配置を行ったが，最近の景気の停滞では企業が設備投資や工場の新設も手控えており，さらに分散事業所を整理統合する時代に入り人の動きも今までと違った動向になり，人の集中も今後の経済発展の進行とおおいに関係している。最近は脱都会派も増えて来つつあり今後はどんな進行をして行くかは予想が難しい。西ドイツは東ドイツとの統合によりドイツ全体として考えた場合，過去の資料に乏しく予想は難しい。今後の旧東ドイツへの経済活動のあり方に注目する必要はある。さらにはフランス・西ドイツは欧州連合の統合の動きによっては経済から人の動きも大きく変化してくる可能性があり，都市化や人口の集中度も今までのデータが参考にならず予想どおりにいかないことが想定できる。

　◆　**家族とは＝その機能**　　従来の社会には結婚・出産・離婚など家族の誕生や死亡にかかわることは，国や社会・宗教さらには道徳といった要因により家族のあり方もコントロールされて来たが，

現在の社会では個人の意志が尊重され，家族のあり方や構成も変化している。3世代が中心の家族構成から2世代中心の家族構成に変化してきた。したがって出生率の動向も個人の意志しだいで，子供を持ちたいといった個々の選択の総体であり，それぞれが決心したとき社会の受け入れができる環境が整えられているかどうかにより大きく影響される。

　家族が必要であるときはどのような場面かで家族の意義も生まれてくる。昔の農家や自営業者の家庭は，家族が生産の大切な労働力としてなくてはならないものであり，家庭が労働の場でもあり，当然，日常の大半はそこで過ごすことが日課であった。

　現在のように家電製品がなかったころは，料理を作ったり買い物をしたり，子供を育てるにも家族単位で行動し，さらには地縁・血縁にも深くかかわって結ばれていた。欧米諸国でも年代の違いはあるがかつては同じ結び付きにより日常的に相互扶助がなされていた。このように家族は実質的な役割のほかに人と人の精神的なよりどころになっていた。しかし，現在の家族については，保育や各種のサービスを提供してくれる組織ができ，家族として共同生活をしなくても日常生活に困らない時代になり，しだいに家族の役割機能も変化して来た。単身世帯や核家族世帯も増加し，過去の家族の伝統的な機能を失いつつある中で，家族がともに助け合って一緒に暮らさなければならない意識や，結婚しないと一人前の社会人として受け入れてもらえない社会もない。より積極的な動機によって結びつき，精神的な結びつきを深めていく場となっている。それでは，近い将来家族構成の主役である今の子供達が家族に対する考え方をどんなふうに見ているであろう。子供の意識調査から見てみた場合，国に

より考え方の違いが現れている。昭和54年の総務庁の「児童の実態等に関する国際比較」の中で「○○家の一員である」と考え生活しているかとの質問に対して、日本は約半数の50.6％がハイと答えている。アメリカは92.2％で家族に対する思いは高い。フランスが89.3％，イギリスが65.5％で約3分の2の人が家族を意識しながら日々の暮らしをしている。隣国の韓国は日本と同様低くそれでも57.7％であり日本の子供の家族に対する意識がこれらの国に比較して低いのが気になる。日本・韓国ではこの子供達がいま30歳前後になり，これから家庭を育む年代であり，この人達の家族意識が50％代ではこれから先が心配である。日本での家族意識が急激に減少していることがうかがえるが，アメリカ・フランス等でも個人差があることが予想されるが，それでも家族への帰属意識はかなり高いと考えられる。この結果を見ても日本は他の国に比較し家族に対する帰属意識は低い。このことは日本人の家族への関心の低さと受け取れる。特にアメリカではいろいろな社会活動の中でも、ファミリーとしていろいろな行事に参加する姿が紹介されているが，これは身内への関心の深さが現れている証拠でもある。日本は地域活動の中でも家族全員で参加する人は外国に比較して少ない。外国の人達からすれば日本人は家族を大切にしない人と映り，奇異な感じに受け取られることがある。日常生活にもこうした意識の低さが現れており，将来を考えると心配である。

第5章　考えよう若者の意識
（第6回世界青年意識調査より）

　世界青年意識調査は，昭和47年の第1回以来5年ごとに実施しており，平成10年が第6回目となる。各回毎に一部調査国や調査内容も変えており，単純に経年比較することはできないが，それぞれの国の政治経済や時代の流れを現しており意識の変換を探ってみると，今何を若者が考えているかそれぞれの行動の指針もでてくる気がする（当章図表の番号の前に「若者の意識」という意味で若を付す）。

　それぞれのデータと世情を背景として分析し，あわせて第4回と最も新しい第6回の調査の関連ある項目を取り上げ考えてみる。調査対象年齢はいずれも各国の18歳から24歳までの青少年を対象として総務庁が調査したデータを中心として若者意識を考えてみる。

1　結婚について

①　回答者の結婚状況

　結婚経験の有無について調査したものであるが，調査対象者で未婚者の一番高い国は韓国であり日本は2番目に高い。反対に配偶者ありの率が高いのはタイであるが必ずしも出生率とは結び付いていない。イギリス，ドイツ，スウェーデン，ブラジル，フランス等は婚姻届の提出をしていない同居パートナーの形，つまり同棲者の人が多いことが生活の実態から想定できる。ブラジル，タイ等は離婚率は低い。これを前回（第5回）調査と比較し「結婚している」人

若表1 あなたは結婚していますか。

(単位＝%)

区分＼国名	日本	アメリカ	イギリス	ドイツ	フランス	スウェーデン	韓国	フィリピン	タイ	ブラジル
未婚	92.0	74.1	77.1	77.2	84.5	82.5	95.5	76.4	64.0	73.3
配偶者あり	7.3	13.2	5.3	7.5	3.3	1.5	4.0	18.7	28.4	13.1
同居パートナー	0.3	7.4	15.4	14.2	11.7	15.1	0.4	4.1	5.7	12.3
離婚又死別	0.4	4.5	1.7	1.1	0.4	0.4	0.1	0.8	2.0	1.3
出生率(千人対)	1.43	2.04	1.7	1.25	1.70	1.89	1.66	3.52	1.75	2.4
婚姻率	6.4	8.9	5.7	5.2	4.8	3.8	7.1	7.1	7.9	5.0
離婚率(千人対)	1.66	4.4	3.0	2.1	1.9	2.4	1.2		0.9	0.6

注) 婚姻率・離婚率の単位：千人当たりの率(調査年は国によって違いがある90〜96年の最新年)
出所) 総務省発行「世界の統計1999年」より引用

が減少しているのがアメリカは7.2％，イギリスが11.1％，フランスが12.8％，スウェーデンは25.7％，ブラジルは10.6％，で結婚している人が年々少なくなっている。反対にタイは16.9％，も多くなっている。

　未婚者の一番高い国は韓国であり，日本はそれに続いている。その反対に未婚者の低いのはタイであり，他の国と比較しても10％も低い。国情の違いもあるがタイは早く結婚し家族と共同生活を好む意識が高いことが見受けられる。離婚は宗教とも関係があり離婚を認めない国もあるが，ブラジル，タイは離婚率が低い。

　各国とも年々結婚年齢が遅くなっており，日本はこの調査国中未婚者率の高さは韓国に次いで2番目であり，結婚への遅さが現れている。この結婚の遅いのには様々な理由があるが，その一つに女性の意識変化がある。女性の社会進出，仕事への意欲の現れと結婚し家庭回帰を躊躇する意識が強い。それに男性側の女性にたいする結

婚生活の期待感と女性の結婚生活の価値観とにずれがあり、女性が結婚に魅力を感じなくなったからである。

② 「男は外で働き、女は家庭を守るべきだ」

日本人の意識の中にはまだまだ女性は家庭を守るべきだとした考え方は多いが、女性の社会参加がすすむ中いまの若い人はどのように考えているか、さらに外国の人は女性と家庭の関係をどのように考えているか意識の違いを見てみる。

この調査の中でも日本人の意識の曖昧さが出ている。「わからない」と答えた若者が20％もあり、次いで多い2位のドイツも8％と大きく差がある。日本人の若者の自主性のなさが現れている。フィリピン、タイは半数以上が「女性は家庭を守るべきだ」と答えているのが目立つ。これは女性の職場があるかどうかとも関係があり、これらの国はまだまだ産業の遅れもあり、女性の職場進出が進んでいないのも仕方がないことである。しかし、この国は自分の意思もはっきりしており、どちらかを選択しており、日本の若者のようにあいまいな答え方はしない。ブラジルも34％が女性の家庭派であり、韓国、アメリカ、ドイツが10％台で、一桁台がフランス、イギリスで、スウェーデンは6.4％である。女性は家に閉じこもるべきでない派の高いのはイギリス、スウェーデン、フランス、ドイツ、アメリカ、韓国は77％であり、女性の社会参加の肯定派が多い国である。前回の比較からフィリピンは変化はなく以前から60％の高率である。タイは反対に現在の意識が「女性が家庭を守るべきだ」が高くなっている。これは、産業の変化とも関連しており、第1次産業から第2次産業に移行している時で、男性中心の産業形態に移行していることがうかがえる。第1次産業つまり農業中心社会

のときは女性も働き手の大切な一人として家庭に入っていたのでは農業が成り立たなかったが，第2次産業になり，ある程度の高収入で生活形態も違って来ているからである。しかし，最近は情報メディアの発達により女性の社会進出も活発になって来たので，男性の意識変化も現れてくる気がする。

③ 結婚観について

　最近は結婚年齢の高齢化があげられているが若者自身はどのように思っているのか若者の意識調査を見てみると，結婚に対するあこがれがだんだん薄らいでいるのが分かる。結婚年齢は各国とも遅くなっているが，この一番の理由は女性の社会進出で，結婚への期待感より社会の一員としての存在感に魅力を感じており，職業で自分を生かす方向に意識が変わってきたからである。

　それでは結婚についてどのように考えているのか，各国の若者の考え方を見てみる。国によっては考え方の違いが表れており，特に結婚すべきだとの考え方が強いのはタイ56.1％，フィリピンが48.5％とほぼ半数の人が結婚すべきだと答えている。韓国の若者は31.6％で約3分の1の人が肯定している。「結婚すべきだ」と答えている日本の若者は，フランス，イギリス，スウェーデンに次いで低いほうから4番目の17.6％である。ドイツが19％，ブラジルが20.6％，アメリカが24.8％と結婚肯定派の意見である。ただ「結婚したほうがいい」とやや消極的な意見を加えると日本は7割にもなり，各国中5番目の高さでありはっきりした態度の者とは言いがたい。フィリピンは結婚に対する肯定派が9割近くおり結婚願望は強い。反対に結婚に対する否定派「結婚しなくてもよい」はイギリス，スウェーデンが6割の人が答えている。ブラジルの14.7％とドイツは約1

割の人が「しないほうがよい」に答えているが,日本は26.1％の人が「結婚しなくてもよい」と答えている。

これを経年比較で第4回調査時と比較してみると,結婚肯定派は各国共大きな変化はないが,例外的に韓国は「結婚すべきだ」の人が多くなっており,結婚否定派は減少しており第4回との差が15％もある。ブラジルも10％結婚否定派が減少しており,反対にイギリスは結婚肯定派が年々減少している。これは各国の経済活動や社会情勢,福祉の充実面など生活環境の変化に大きく左右されている。アメリカ,スウェーデンもわずかではあるが結婚肯定派が増加している傾向がある。

しかし,結婚否定派ないしは結婚は遅くてもよい理由の中には,性に対する意識の変化も見逃せない。フリーセックス時代といわれるように十代から性に対する興味をもち,性意識の氾濫している時代になったことも結婚に対する積極性を失なわせる理由になっている。

④ 結婚前の性交渉に対する考え方

日本の若者は,セックスに関する考え方もオープンになり,欧米並みになりつつあるが,外国の人達は本当にオープンな意識でいるだろうか。そんな調査もあり結婚前の性交渉について考えてみると,統計的には一番こだわりのないのがフランスで「性交渉はかまわない」人が96.5％もあり,次いでスウェーデン93.1％,イギリス91.8％,西ドイツ87％,オーストラリア86％,アメリカ80.5％で,日本の若者は75％が婚前交渉はかまわないとしている。その中でも「愛情がなくてもかまわない」とフランス,オーストラリア,イギリス,スウェーデンの2割の人がフリーセックス派で,日本は4.4％の人

でシンガポール，中国，韓国と並んで少ないほうである。反対に「どんな場合でも避けるべきだ」と考えている人はシンガポールが60.1％，中国が40.5％，韓国は34.4％，アメリカが18.9％で日本の若者は1割にも満たない9.3％でセックスもオープンになりつつある。性に関する解放意識がアメリカより多く見られるようになった。これは，最近の高校生を中心とした社会問題の一つにもなっている。この原因は週刊誌を始めとしたマスメディアの影響によるところが多く，女性のハダカを載せて売上の倍増を図った週刊誌も多く，「儲かれば何でもやる」主義のあり方に問題がある。当然性犯罪も多くなり，犯人を罰するのは当然であるが，これらに影響を与えるマスコミの報道の仕方に社会的責任を取らせることも必要である。「ギャル」の呼び方も以前は女子大生や若いオフィスレディを中心としていたが，最近は高校生を中心として「子ギャル」さらに中学生を「孫ギャル」と性関連の記事の対称の呼び方としてマスメディアが面白おかしく使っている。これが性意識を増長させる意識変化の一因にもなっている。この調査の中でも他の国と比較し，自分の考え方を表せない人が15.7％もおり，自己主張のできない日本の若者像が浮かび上がってきた。

　シンガポールは，婚前交渉は避けるべきだとの意識が他の国に比較し際立って高い。日本の若者ももっと自分を大切にし，意思表示をはっきりとすることが必要であり，自己主張と責任感ある態度が取れるような意識改革が必要で，学校教育のあり方を真剣に考える必要がある。

2 離婚について

　今は結婚しても我慢をしない人が多く，その結果が離婚につながることが多い。離婚に対する意識の違いは，当然国の社会情勢や宗教の違いによっても影響があり，離婚反対派が多い国はフィリピン，韓国，タイで次いで多いブラジルが11.2％でさらに日本は1割を切って9.9％である。「子供がいれば離婚すべきでない」を含めても50％を超しているのはフィリピン，韓国の2国だけである。平成10年の調査時と前回（5年前）では各国ともほとんど変化はない。ただ「いかなる理由があっても離婚すべきでない」という絶対反対派は年々減少し，「事情によってはやむをえない」派に移行している人は多くなった。離婚容認派も「やむをえない」から「愛情がなければ離婚すべきだ」が多くなっている。全体の「離婚容認派」は各国とも年々意識の変化があり多くなっている。6回調査で最も高いのはスウェーデンで前回より3.5％増加し91.3％である。次いで多いのはブラジルが81.9％，イギリス79.4％，フランス77.4％，アメリカ76.5％と続いており，日本は48.6％で反対派，容認派がほぼ半数である。前回との比較ではドイツ，フランスは若干であるが離婚容認派が減少している。韓国が「離婚も事情によってはやむをえない」を含めると日本とほぼ同じ45％，フィリピン37.8％で他の国より離婚容認派が低い意識である。離婚に対してはスウェーデンのように社会保障制度が充実している国や，シングルの社会生活が十分可能な国，つまり女性の社会進出が保証され女性の働く環境が満足できる状況の国は離婚も多い。さらに，ブラジルのように離婚も大らかな気持ちで日常生活の一部のような程度の意識ならば無理に

一緒に生活する必要性は感じない。日本の一部の人がもっているような離婚に対する罪悪感を感じる風潮があれば少ないが，日本もいずれはブラジルのような風潮も出てくる可能性が懸念される。いつも犠牲になるのは子供であり，それが成長段階であれば子供の心に深い傷となることもあることを十分認識しておくことが必要である。

3　家族関係

毎日生活するのに家庭の主導権は誰がとっているか，つまり父親主導型か母親主導型かであるが，それぞれ国によっても多少の違いがある。特に家庭内の問題解決をするのはどちらが主体で積極的かにより意識の違いが出てくる。

①　家庭内の問題解決の主導権

父親が主導権をとっているのは韓国がトップで72.3％，日本は67.7％である。次いでフィリピン，タイ，ブラジル，ドイツになっている。母親が家庭内の主導権をとっている国はロシアの54.4％，スウェーデンの53.1％で半数以上になっている。50％には達していないが父親より母親の方が率が高いのがアメリカ，フランスで，例えばアメリカは父親が42％，母親が44.3％となっている。後は内容により父親であり母親であるとして主権を決定している所までいっていない回答をしている。父親より母親の主導権が高い国はロシア，スウェーデンを始めとしてアメリカ，フランスでイギリスはほぼ同数である。

前回（5回）調査と比較すると日本の場合は10％も父権がダウンしている。父権の低下がどの国にも見られ，女性が家庭内においても活躍していることがうかがえる。フィリピン，タイは30％の低

下，アメリカ，スウェーデンは20％の低下で父権の失権がいえるが，例外的にドイツだけはわずかであるが6％父権が上昇している。各国の低下は過去の経年比較を見てみると年々低下している。4回と5回の調査比較では低下はわずかであるが5回と今回の低下ぶりはどの国も大きく，各国とも女性の活躍ぶりが想定できるが，それに比較し男性の家庭での地位は低下し，家庭内で必要な人としての存在がなくなれば離婚の容認派が増え，ただ繁殖のために必要なだけで昆虫の世界と同じになってしまう。男性の奮起を促したいものだ。

② 父親の役割と社会生活の指導

父親は家庭内でどんな役割を果たしているのだろうか，昔は社会生活や人との付き合いマナーなどを教えるのは父親の役割であったが，今は十分な指導ができる父親は少ない。子供との会話も少ない状況では十分な指導は無理である。しかし国によっては父親の役割を十分に果たしている国もある。フィリピンでは，97％が父親が中心で家庭内で指導している。次いで韓国，タイと続いているが，反対に低いのはロシアで60％，イギリスが64％，次いで日本が65.3％の低さである。父親があまり頼りにならない証拠でもあり，社会生活のマナーも父親に自信がないこともうかがえる。日本の場合は経済成長時代に社会に出た父親であり，この時代はボランティアもまだまだ未発達で周囲の生活を楽しむ余裕のない時代である。十分な指導ができる社会生活を過ごしていなかった人が多くいるからで，交際下手な人が多いことを感じる。前回調査から比較して各国とも父親が指導している意識が増えたのはドイツ，フランス，スウェーデン，アメリカ等である。日本の前回調査結果は66.9％でわずかで

あるが,今回低下しており,父権の存在の低さが進んでいることが分かる。さらに,回答の中には無回答が増えており,自分の子供に対して社会生活の先輩として,自信のない父親像が浮かびあがった。社会マナーの指導を誰がするのか,しっかり役割を認識していただきたいものである。現実は子供を教育できる父親らしい過ごし方を今までして来なかったことにつながる。

③ 理想の父親像

今の日本の若者は家庭に対する期待度の薄い者も多く,結婚をためらわしている。それでは父親の望ましい姿として家庭重視派か仕事重視派のどちらをイメージし望んでいるかについて若者の意識を探ってみる。やはりどこの国も家庭重視を選択する若者が多くなっている。以前「男は仕事,女は家事」の時代は仕事をバリバリやる父親が理想の時代があったが,昭和40年代以降,忙しい父親の姿を見てやはり理想とする家庭は両親揃って過ごせることを望む人が多くなった。各国との比較では家庭重視派は日本が一番低い。仕事重視の高い国は韓国,タイ,日本,ブラジルと日本はまだまだ仕事を重視する人が多い。最近は家庭派が増えたもののリストラされる人も多く,生活の糧である仕事につけない人も多く,意識の変化が現れている。家庭派を望むのはフランス,イギリス,アメリカで9割前後となっている。第5回との比較の中でもドイツ,ロシアは家庭重視派が多くなっているが,わずかであるが仕事重視派が多くなっている国もある。スウェーデン,韓国,フィリピン,タイ,ブラジルは仕事重視派が前回より増加している。これらの国は経済の活発を望んでおり仕事にまず就くことが大切であると思っている。最近は仕事につけない人も多く,まずは仕事があって家庭生活がある

ことを認識することも必要になってくる。日本の場合の経年比較を見てみると家庭重視派が年々多くなって来ているが，日本経済の将来を考えた場合ますます不安感を感じ，家庭の存在も家庭経済が安定して始めてなし得ることを認識することが必要である。2001年に日本青少年研究所がアメリカ，フランス，韓国の4カ国の中高生を対象に生活意識調査を実施したが，社会に対する悲観的な回答が日本の中高生は高かった。人生の最も大切な目標で一番高いのが「楽しんで生きること」であり，外国の若者が高かった「社会的地位や名誉を得る」ことが最低であった。日本の若者から社会や働く目標の夢や希望が失われている。

　この調査は各国の青少年の社会や学校，職業などに関する意識を探る目的で「人生で最も大切な目標は」として，7項目から一つを選択する方法で調査した。その選択内容として　① 魅力的な異性を見つけることは，フランスが一番高く，日本が一番低い。② 人生を楽しんで生きることは，日本がトップでアメリカが最低。③ 良い友達を作ることは，日本がトップで米国が最低。④ 社会のために貢献することはアメリカがトップで日本が最低。⑤ 円満な家庭を築き上げることはフランスがトップで日本が最低。⑥ お金をたくさんもうけることはフランスがトップで日本が最低。⑦ 高い社会的地位や名誉を得ることは韓国がトップで日本が最低であった。さらに学校で重要なことは「勉強」と答えたのはフランスが29.0％，米国26.9％，韓国19.8％，日本19.0％の順であり，学校は友達づくりのために行くことが日本の学生の目的である。そのため停学になったり不登校の子供は友達づくりもできなく，孤独な毎日でそれが社会に対して自分だけ不幸をしょった気持ちになり，社会に対して

反発したり，自分の存在を世間に示すためにも結果として悪い方向に走らすことになっている。学校に行って友達づくりの夢が断たれた自爆的な意識の現れである。このためこれらの子供のよい方向で「群れる」場所を与えることが必要であるが，まだまだそんな場所は少ない。この場所づくりも重要な青少年対策であり，いま意義に感じた人が少しずつ場所づくりを考え一般社会に戻す努力をしている。その他学校の目的は「受験準備」「就職準備」とする回答もあるが「友達関係」を重視する回答が日本は54.9％でトップである。その他「21世紀は人類にとって希望に満ちた社会になる」と思うのは，日本の33.8％に比べ他の国は60〜80％と肯定的な見解が多い。1970年以前は日本は目標もはっきりしていたが，70年以降，社会が豊かになるとともに日本の若者も夢や希望が失われそれが若者の人生観にも反映している。その点アメリカの若者は，努力目標がはっきりしている。この結果から，日本の中高生は将来目標がつかめずイライラしている気持ちのやり場がなく，登校拒否，学内いじめや暴力行為，果ては売春異性交遊や麻薬汚染など希望がもてない将来の精神的なはけ口がたまたま犯罪行為であり，犯罪を犯した本人は罪の意識をあまり感じていないことが多い。日本もこの子供らに希望や夢をもたせられる社会にしたいものであるが，現在の日本の政治行動を見ると，今までの官僚主導型政治から抜け出る能力に政治家の力不足なところがあり，肝心の官僚が以前のように「日本の将来は自分たちが進路を示す」という心意気もなく，自己保身中心の公務員意識の人が多く日和見の官僚では，日本の経済発展の将来を望める政策が立てられない。これは今の国家公務員の採用試験制度に問題があり，なかでも上級職試験制度が弊害になっている。

上級職に合格すれば上位職まで保証されているために，合格することを目標に学校，塾と過ごし社会の集団の生活に触れる機会の少ない人が多く，現実社会を知らないままでその社会をリードしようというところに問題がある。この間違ったエリート意識をもたせる上級職制度を改善しないと日本の政治をふくめ，国民の生活は向上しない。

　私が接触した国家公務員の中で社会の現実が見え，ものを考えられる余裕をもっているのは，職位でいけば課長補佐級であり，しっかりした意見をもっている人がいる。上級の部長・審議官などの中には政治家の顔を見て仕事をしている人が多く，国民の意識が把握できていない人では国民の実態に即した制度の制定は無理である。それなら良い意見を下から持ち上げれば良いと思うが，上位の意識として自分より下から意見を上げてそれが採用になることを嫌う人が多く，日本の官僚機構の中ではほとんどが握り潰され，良いと思われる意見も消えてしまう。これでは，日本の正しい政治指針の方向づけもできない。

　夢がもてない社会では，家庭重視派が日本でも多くなっている。やはり家庭を犠牲にした猛烈ビジネスマンより家庭を大切にする父親の方が望まれているが，最近の若者は「仕事が生きがい」というより家族とともに過ごしたい人が多くなっている。これは名誉や金儲けよりほどほどの生活派が多くなっている。これは前記の日本の中高生のアンケート調査の結果にも現れており，名誉を得ることより人生を楽しんで生きることを他の国の中高生より多く選択している。しかし円満な家庭を築く気持ちは他の国の人より低く，これは楽しい家庭より自己が楽しむことを優先している証拠で，自己中心

的な人の多いことが気になる。第5回調査時に仕事重視派が多くなっていたがこれは経済のバブルが崩壊し，いよいよ景気の低迷時期に入り，自分の職業を見直す意識の芽生えと思える。しかしそれも自分の努力の及ばないことを認識し，かなわぬことと思いあきらめの気持ちが自分の生活を楽しむ人達を多くした証拠である。毎日の生活の中で何を生きがいにするかは人それぞれ考え方も変わっているが，今は子育ても夫婦で共同の役割として分担する時代になったことを物語っており，特に男性の意識の変化を必要としている。

④ 家庭生活の満足感の国別比較

家庭生活でどんなことがあれば満足感を感じるか，国によっては意識の違いがあることが若表2で分かる。多くの国が「家族の健康」や「親や夫（妻）の愛情」を上位に挙げている。日本の（A），アメリカの（B），イギリスの（B）の1位は70％台を超えているが，その他の国は5〜60％台である。例えばフランスは1位のA（家族）は67.4％で2位のD（兄弟）の65.9％とは僅少差である。スウェーデンはE（環境）が64.4％，2位のA（家族）とは1％も差がない。タイはD（兄弟）が1位で46.6％，2位のA（家族）が40.7％である。

日本の2位にはC（家庭内の争い）を挙げているが，同様にドイツ，韓国，ブラジルも同じである。フランス，フィリピンの2位は「兄弟姉妹と気が合うこと」を挙げている。

アメリカの若者は「自分を理解している」を2番目に挙げている。一般的に「円満な家庭」を望む人が各国とも共通していることと理解できるが，例外的にドイツ，スウェーデンの4位に「家が広いこと」が挙げられ，フランスの5位に「家の収入」が入っている。

反対の主旨で，第5回目以前の「不満に思うこと」のアンケート

第5章 考えよう若者の意識　*117*

若表2 家庭生活での満足内容（選択肢）

国名	1	2	3	4	5
日　　本	A	C	F	D	E-B
アメリカ	B	H	D	A	F
イギリス	B	A	H	D	F
ド イ ツ	A	C	H	G	D
フランス	A	D	B	F	I
スウェーデン	E	A	B	G	F
韓　　国	A	C	D	F	B
フィリピン	B	D	A	H	F
タ　　イ	D	A	C	B	F
ブラジル	A	C	D	B	H
ロ シ ア	B	A	F	C	H

A, 家族が健康であること
B, 親や夫（妻）の愛情
C, 家庭内で争いが無いこと
D, 兄弟姉妹と気があうこと
E, 家の周囲の環境が良いこと
F, 家族のだんらんや会話
G, 家が広いこと
H, 夫（妻）が自分を理解している
I, 家の収入

（質問＝貴方は家庭で生活する上で，次の事に満足していますか。この中で当てはまるものがあったらいくつでも選んでください。）
出所）経済企画庁『国民生活選好度調査』1998年

調査の1位は日本が「ただなんとなく」29.8％，アメリカは「家庭内の争いごと」でイギリス，ドイツ，フランス，ブラジル，ロシアも同様1位に挙げている。スウェーデン，フィリピン，タイは「収入が少ない」が1位で，韓国は「自分を理解してくれない」が1位になっているが，各国とも「自分を理解してくれない」が上位にランクされている。

⑤　**生活領域における満足度**

各国の若者の生活領域における満足度を見てみると，国によりかなり意識に差がある。

各国とも友人関係の満足度は比較的に高いが家庭，学校，職場，社会の順で満足度は低くなっている。満足度の平均的に高い率を示しているのはスウェーデン，シンガポールが各領域を通じて80％

以上を示している。それにアメリカ，ドイツが続いている。日本は友人を除き比較的満足度が低い。日本の職場に対する満足度は低く不満に思っている人が35％もいるが，この不満の理由として「真面目なものが報われない」「正しいことが通らない」「環境破壊に国民が無関心」「社会福祉などが十分でない」等が40％を超えている。これらを見ると自企業の利益追求だけしている企業は，だんだん社会から嫌われものになり，現在の環境破壊企業は社会から敬遠される。企業といえども社会貢献は必要であり，社会性を備えた企業責任がなければ企業の存在価値はない。相対的に幸福感が他の国に比較して日本が低いのは，今の若者は社会に対して何を求めているのか自分でもよく分からないのが現実である。各国の若者の満足度を見てみるとそれぞれ違いがわかる。

アメリカの若者が社会に対する満足度が低いのは，銃を初めとした犯罪が多く悩める国を象徴しているように見受けられるが，相対的に幸福感を感じている。

イギリスも社会に対する満足度が低く，停滞している経済と，大英帝国時代の権威に浸った指導者の政治力の弱い社会を反映し，指導者に対する反発がある。

ドイツは，特別高い率はないが全体的にバランスの取れた意識で社会を見ている。これが，旧東ドイツの人達だと違った意識で感じていると思う。

フランスは，社会批判が，多く，社会に対する満足度が低い。失業や政治に対する厳しい目をもっており，市民の行動も活発である。国民性も自意識が強く，他人に対しても強く要求する行動が多い。

スウェーデンは家庭，友人に対して非常に高い満足感をもってお

り福祉の発達した国であり，家庭を大事にしていることがうなずける。

　韓国は，社会に対する満足感が非常に低い。これは国の政治に対する反発があり，この調査時点では大統領の汚職をはじめ指導者の政治力のなさを国民が敏感に感じている証拠である。しかし最近の経済の活動は停滞気味で韓国経済はコピー産業といわれ，それが通用しなくなり危機を招いている。さらにIMF経済援助などにより自由な活動ができないのと韓国経済の独自性がなくなったことが大いに影響している。外国との積極的な協力関係を取り組む気持ちがなく，自分たちの優れた力を過信しているところが問題で，他人に対して自分勝手な無責任行動も見られる国民性に問題がある。学校面が低いのは，学閥主義が強いため，親は高学歴でしかも良い学校に行かせることを目標としている。これは子供の将来の就職に有利になり，良い企業に就職することが子供の幸福感に通じることと思っており，子供の勉強にかける熱意はすごいものがある。しかし今の教育の仕方では人間性の幅の小さな人を育てている感じがするので，外国人からは国民性が理解されず，韓国に対する反発が懸念される。

　中国は全般的に満足度が他の国より低く，あらゆる面でこれからの感がする。国土が広く多民族で生活言語の違いもあり，統一した意識が国民全体に広がるのは難しく，もっと地域を分割した考え方で独自性を打ち出す必要があり，大国の悩みは尽きない。広いが故に外国との国境付近は中国の中央政府の意志が届きにくく，独自に行動することも多くなり，第二のソビエトになる可能性を秘めている。しかし外国にとって，中国の13億人の人口は無視できず，現

在の勤労者の賃金は日本の20〜30分の1程度といわれ，これが中国の産業発展や経済の強みになっている。これからの中国の政治や産業面の動向を常に注視して行くことが必要である。

　ブラジルは社会に対し満足度は低く，国政に対する反発や産業の育成に不満をもっており，さらに他国依存の財政政策や開発に対する不満が多く，産業の発展が望まれている。

　これらを反省してみると，日本の若者は海に囲まれた「井の中の蛙」で，多くの国は国境が陸続きで常に外国からの侵略や不法侵入で刺激を受けている若者との違いが現れている。日本の若者はそれらの人達と違い，島国の安全な単一民族国家でぬるま湯に浸かっている贅沢さがある。しかし最近は外国からの労働者も多く，外国人による犯罪をはじめ日常生活面でも安心できない世の中になって来た。外国人の犯罪も年々増加し，日本に来ている絶対数も多いがトップは中国人である。犯罪の内容も殺人をはじめ凶悪化しており，最近の犯罪注目点は出身国によって犯罪の種類がある程度限定できる。例えばアラブ系出身者は麻薬関係の犯罪が多く，しかも相手は日本の高校生クラスまでにも及び低年齢化している。日本人ももっと大人になることが必要で，平和ボケもそろそろ目覚める必要がある。今後経済の低成長につけ，外国人の就労は困難になり金儲けにならないと，日本にきた目的が果たせないため犯罪に手を染める外国人が多くなる。そこで，外国人を雇用する側の制度として外国人雇用に対する責任を課す必要があり，企業は人のほしいときは誰でもよいからと人材派遣業を頼りにして，人が要らなくなれば簡単に解雇する。これで一番困るのは外国から働きに来た人達である。さらに外国人との大きな問題は日常生活面の違いで，例えばゴミ処理

など収集日でないのに勝手に出したり，アパート等で夜中に友達をよんでパーティを開き大騒ぎをしたり，上階の窓からゴミをすて，下に住んでいる人の洗濯物を汚すなど地域の人達とトラブルを起こしている。日本の風俗習慣の事前教育が不十分なまま日本に来て公営住宅に住み生活習慣の違いを知らないため，自分の国の生活習慣をそのまま持ち込み，そのためますます孤立化し日本の生活になじめないでさらに孤立感を募らせ，地域の人達と遊離する結果になっている。今問題のゴミ出しも指定日を守らない，分別せずに勝手においていくなど外国人の住んでいる地域は深刻な社会問題となっている。これは雇用する企業にも責任があり，外国人を雇うなら，自社の従業員教育として生活習慣もしっかり教育する義務を課すべきである。しかし実際は派遣業からの人がほとんどであり，必要なときのみ雇う契約社員方式のため企業も教育することはしない。これは派遣業そのものの制度に問題があり，派遣業者の義務として正しい日本の生活習慣などの教育の義務づけを制度化すべきであり，企業の合理化のための派遣業法も見直す時期に来ており外国人ばかりを責めることもできない。

4 職業に関する意識
① 職業選択のキッカケ

最近は一生の仕事として職業を選択する人が少なくなった。大きな企業でも合理化の名目でリストラの名の元に解雇される人が多く，一生の仕事にならないことが多く不安定な経済状態が続いているからである。これがまだ20年前なら学校卒業後就職すれば一生の仕事として働き続けたい人は多かったが，いまは自分に合った仕事を

捜し回っている若者が多い。フリーアルバイター等の名の元に職業を渡り歩いて資金がある程度溜まると外国旅行や研修の名の元にしばらく海外に出る若者が多い。金が無くなれば帰国し，またフリーアルバイター等で働く人が多く，学校卒業してすぐ就職してその企業に一生勤める気はなく，さしあたって務め，しばらく世の中の動きをゆっくり観察してから自分に合わなければすぐ退職，また次の職業を探す等落ち着きのない職業活動をしている若者が多い。これは今の家庭教育や子供の少ない家族構成に問題があり，子に対する親の甘やかしがある。いやな仕事ならしばらく遊んでいても注意しない親が多くなったことも原因している。しかしいざ本格的な就職をしようと思っても企業はフリーアルバイターをしている人を嫌う。これは知識や経験付与にもならないし尻軽な人と見て，職業人としては半端な人と見てしまう。就職側からすれば大企業といえども将来的に永続できる企業か判断できないことにも原因しており，今の若者が企業に対する信頼性を失っていることもある。それでは外国の若者はどんな動機や手続き等で職業選択をしているかであるが，国によっては就職の機会はまちまちである。現在の職業についたきっかけを国ごとに見てみると，日本の大学生は学校や教授等による紹介が一番多く，企業と学校のつながりが深いことを物語っている。昭和40年代の求人倍率が高い時代は，企業の就職担当者は学校やゼミの教授のところを小まめに回り，少しでも優秀な学生を多く採用する努力が必要だった。ところが，今は学生側の就職難の時代となり世の中は様変わりした。日本の学生は形は変わっても学校などを経由する就職の形は変わらない。ただ今はなかなか就職したい企業が求人の人数制限をしているため就職側が狭き門になっている。

外国の若者は日本と就職する経緯の違いがある。この「学校の紹介」は外国ではどの国も3位にも入っていない。これが他の国との大きな違いである。

それではどんな方法で就職しているかであるが、アメリカは「友人知人の紹介」を3割の人が挙げており、その他「職場を直接たずねる」「家族や親戚の紹介」の順で就職先を決めている。特にアメリカは自分のやりたい仕事もはっきりしており、やり甲斐のある仕事を求めて知人などをたよりに仕事を選択していることが多い。これは仕事の内容も知人から詳しく聞くことができ、自分のやりたい仕事かどうかも判断できる。いわゆる自分を売り込むことのポイントを掴むことができ、積極的な行動がしやすくなる。

イギリスは「新聞・雑誌や張り紙広告を見て」が36.7％で、2位の「友人知人の紹介」は16.9％と約20％も差があり、自分の意思で、就職していることが現れており、3位が「職場を直接たずねる」になっている。

ドイツは「新聞・雑誌広告」が32％でトップ、自分を売り込むことでイギリスト同様、以下「職場を直接たずねる」や「家族や親戚の紹介」の順になっている。

フランスは「友人・知人の紹介」が26.7％でトップ、これはアメリカと同様であり、企業の内容をよく自分で調査して就職している。以下、「職場を直接たずねて」が23.3％、「家族や親戚の紹介」の順になっている。

スウェーデンは自分の売り込みでも「職場を直接たずねて」就職先を決めている。これは自分の足で就職先を訪ね歩き自分の仕事としてやれるかどうか判断してから就職している。次いで「友人・知

人の紹介」と「新聞・雑誌や張り紙広告」の順になっている。

　タイは他の国とは違い「家業を継いだ」が49.2％で半数いる。この家業はどんなものが多いか別の資料から探ってみると，タイの若者の職業の中で「農林漁業の自営」が40％もおり，これから推察してこの家業は農業や漁業に携わっている人が多いと推察できる。2位が「家族や親戚の紹介」が24％，3位が「友人・知人の紹介」で16.5％，ほとんどが身内の中で職業を選択している。

　ブラジルは「友人・知人の紹介」が30.1％でトップで，2位が「家族や親戚の紹介」，3位が「職場を直接たずねて」になっている。

　フィリピンは1位が「家族や親戚の紹介」で，2位がタイと同じ「家業を継いで」になっており21.6％，3位は「友人・知人の紹介」になっている。この国も農林漁業関係に従事している人が多いが，自分で物の販売などをやっている小売商業ビジネスが中心と推察できる。

　隣国韓国は「友人・知人の紹介」で約3分の1の人が就職しており，以下「家族や親戚の紹介」「新聞・雑誌広告」の順になっている。

　やはり日本の学生の就職の仕方は他の国と違い，企業と学校の結び付きが強いことがうかがえる。教授と企業の結び付きが強く，企業が主任教授に研究費名目で資金援助する等つながりを強めており，これがしばしば犯罪につながることがある。これは日本独特の就職活動で外国の理由の中には上位に入って来ていない。

　② 転　職
　しかし就職先も自由に選択できる就職口が有るか無いかによっても違いがでてくるが，自分にあった職業かどうかは就職する前に考

えていたのと，就職してみて実感するのとでは違うこともあり適職かどうかは外から見ただけではなかなか判断できない。その証拠に転職の回数も国によって違いがある。転職回数が少ないのは日本であり，これは雇用形態に原因していることもある。今までは賃金体系も終身雇用が中心のシステムになっており，途中の転退職は将来の退職金や年金制度まで影響し不利な扱いになるため，転職は少なかった。しかし，最近は終身雇用の体系が改革されつつあり，職業選択にも意識の変化が現れている。外国の賃金形態は能力主義の体系になっており，少しでも自分の有利な企業に転職して行くことは当たり前であり，それと合わせ自分の適職さがしで転職する人も多い。

　転職回数では日本は3分の2が0であるが，アメリカは転職経験0の人が約4分の1しかいない。ドイツも当初の就職先にこだわる人が多いが，意識は日本と違い最初の就職の際に自分の適職さがしをしてから就職している人が多い。「職業についたきっかけ」を比較してみるとそれがわかる。日本の場合はA（学校の紹介）がトップであるが，ドイツはB（新聞雑誌広告）で就職さがしをしており，日本のようになんとなく「他人依存」の就職の仕方と，ドイツのように自分で自主的に探して就職している違いがあらわれている。フィリピンはG（家業後継者）が多いため転職することが少ない。ただタイの場合は家業を継ぐ前に若いうちからいろいろな仕事についており，その証拠として転職は4回以上で他の国と比較し多い。スウェーデンは社会保障が確立しているため自分の適職さがしで転職しても将来にあまり影響がないため4回以上の転職者が5分の1強いる。この転職回数も高学歴や国の経済の動向，賃金体系の違い，社会保障制度の違いによっても職業に対する意識が違ってくる。日

本も雇用形態や賃金体系が変わりつつあり，今後は就職の仕方も変わってくるし，既に若者の職に対する意識の変化が現れている。ブラジルも転職者が多いがここは経済が停滞しており，企業倒産が多く働き口がないため止むを終えず転職をせざるを得ないところがあり，その証拠には多くの人が日本に働きに来ており，しかも少しでも手取り額の多い企業に転職して行く傾向がある。

　職へのこだわりはそれぞれの意志がしっかりしているかどうかによっても違いがあり，国民性の違いが現れている。現在の職業が適職かどうかも本人の満足度の違いによりある程度は判断できる。しかし日本の若者は職業選択も自分の意志がはっきりしていない人が多く，なんとなく就職した人と親の意向で適当に職を選択をした人,特に多くの女性の場合はまだまだ職に対する甘えがあり，女性の地位向上のためにはしっかりした考え方をもつ必要性がある。やはりなにも考え方ももたずに大学へ行くのではなく，将来の目的をもって大学を選択すべきと思われる。

　働く目的は当然のことながら収入を得ることであるが，収入だけでなく社会人としての義務感を感じている人も国によっては多くある。どの国も収入に次いで多いのは仕事を通じて自分を生かすことである。アメリカ，イギリス人は完全に割り切って考えており「働く＝収入」である。自分を評価するのは自分に対して相手がいくら出してくれるかである。それによって自分への評価を判断し就職を考える気がする。その他収入以外では韓国，ブラジル，日本，フィリピン等は「仕事を通じて自分を生かす」ことを目的にしている人が30％前後ある。特に韓国の人は自尊心が強く自分を他人がどう見てくれるか，この見方の評価によって就職行動を起こすが，しば

しばこれが外国との協調面で災いしていることがある。また社会人としての義務感を感じている人が多いのはフィリピンで3割弱の人が職業に対し目的をもっており，他の国の人とは少し考え方が違う。これは働くことが社会への責任として感じており，小さいときから働くことは当然として意識している。

5 友人・地域社会
① 友達について

人との接し方については国民性もありすぐ親しくなれる人もあれば，なかなか打ち解けにくい人もあり，友達づきあいのうまい人も国によっては違いがある。よく日本人は付き合いべたといわれるが，他の国の人との違いはどうだろうか。友人を作るキッカケはどの国もトップは「学校で」，次いで日本やアメリカでは「職場で」になっているが，他の国は「近所で」が第2位になっている。日本は経年比較でも「学校」「職場」の順位は変わらないし，人の中に入っていくのは苦手としている。アメリカ，イギリス等は気軽に話しかけや仲間の中に入っていくことができる人が多く，いずれも3分の2の人がいつでも気軽に会話ができ，「何とか会話ができる人」を含めると95％以上が気軽に他人に話しかけができる。反対に知らない人だとすぐ会話できない人が多いのはフランスの3割を始め，日本，ドイツで2割強の人ができないと答えている。

さらに人の輪の中に気軽に参加できるかどうかであるが，ブラジルの人は37.9％の人が人の輪の中に入るのに多少抵抗を感じている。豊田市も最近多くの外国人労働者がきているが，その中でもブラジルの人達は自国人だけでかたまって仲間意識が強く，なかなか日本

の社会に溶け込もうとせず地域の人とトラブルも多い。この友人との接し方の調査からも当然のことと推察できる。溶け込みにくい日本人とブラジル人とではお互いが努力をしないといつまでたっても打ち溶け込めず，お互いのトラブルはなくならない。自分たちだけの仲間意識が強く他人の中に入り込むことの苦手同士が暮らしており当然争い事も起きる。そのため豊田市でも積極的に外国人との共生活動に取り組み各種の行事を開催し，おたがいに理解する努力をしている。外国人の来日目的はお金を稼ぐことで，しかも永住する気持ちもなく，地域との交流は考えていない人が多いことに問題がある。来日した以上はその国に溶け込む努力が必要で，自国の仲間だけで常にかたまらない行動が大切で，これは日本人にもいえることである。受け入れ側も寛大な気持ちで同じ住民として付き合っていく努力が大切である。これは外国に住む日本人にもいえることで，自分が他の地域に移り住んだ場合も，その地域のしきたりに溶け込むことは当然のことである。豊田市でも日本人とのトラブルがあり社会問題化しているが，この原因は同じところに住まわせた同国人が集団化してしまい，お互いが理解し合う努力をおこたったことである。この住宅地域は，ほとんどが住宅都市整備公団や愛知県住宅供給公社の設置施設で，無差別に入居させ特に企業（人材派遣会社）の社宅化していることに問題がある。家族としてではなく5～6人が一室に同居し，単なる寝泊まりの施設になっていることにも問題がある。これは国などが公営住宅を造ったが予想外に入居者が少なく，空き部屋状態が生じた。公団等はこの空部屋対策として借り手はだれでもよく入居条件を緩和し，日本人の中に無差別に入居させてしまった。その間，公団等は入居者に対し生活指導もせず，公団と県の

無策の結果をいま市町村が頭を悩まし対策に苦慮している。ここは、お互いが積極的に相手を理解し合い、協力する努力が大切である。

6　余　暇

　日曜や休日の過ごし方は、国によっても多少違いがある。これは娯楽施設や趣味のあり方によっても変化は出てくるが各国の休日の過ごし方にもそれぞれ違いがある。

　ほとんどの国のトップは「友達とともに過ごす」になっている。フィリピン、ブラジルは「家族」がトップでさすがフィリピンは家族との絆の深さを表している。タイは「TVなど」になっている。変わったところでは日本の2番目に「なにもせず」あげられているが、これは日本人が人と過ごすのが下手な証拠ともいえる。特に最近は、他人との付き合いの煩わしさを避けたがる無気力な人が多く、子供のときから一人一部屋時代に育ち家族ともあまり話さない生活の中で、他人との付き合いが分からない人が多くなっている。イギリスの若者は休日を友達などとゲームセンターでうさ晴らしをする。フランスの3位は「恋人」になっている。さすがに女性に優しい国だけはある。フィリピンの5位には「園芸、手芸」が入っている。とくにこの国は女性の手芸が盛んでそれを趣味にしている人も多く、また職業としても手芸に従事している人も多い。ブラジルは5位に「スポーツ」が入っているが、このスポーツはサッカーが主である。日本の「友達と過ごす」は第3回目の調査からトップである。そしてショッピングは最初の調査から第3位になっている。第4回調査で「ハイキング、ドライブ等」が5位に入っていたが、その後は反対に「なにもせずぶらぶらしている」が入って来た。無気力な若者

が多くなって来たことが現れている。これらをもっと分析してみると、今の若者の意識変化が理解できてくると思うが、無気力の若者が多いのは社会の仕組みなどにも問題があり、大いに反省することも必要と思われる。

さらに、最近はボランティア活動が注目されているが、各国の若者はどんな活躍をしているかを調査したものから判断すると、日本の若者のボランティア活動は各国中最低であり、ここにも無気力差がでている。「以前したことがある」を加えても下から2番目で、ドイツも低く、かつての第2次世界大戦の敗戦国同士の若者のボランティア活動に無関心の人が多い。これは敗戦から自国の経済の立て直しに力を注いできて、他人（他国）のことに思いやりをもつゆとりがないことの現れであるとも思われる。しかもこの両国は「全くしたことがない」人が70％を超えており、経済大国の国民として反省しなければならない。トップはアメリカで現在と合わせると56.7％でさすが高く、2人に1人は何らかの形でボランティア活動をしている。日本は「活動と以前活動していた」を合わせてもようやく4人に1人でアメリカの半数にしかならない程度では情けない。日本のボランティア精神の育成が急務のことが分かる。

7　社会関係

生まれ育った国は誰でもあるが、自国に対してどんな感情をもっているかの調査で「自国で誇れるもの」を聞いた調査があり、自慢すべきものを各国の若者の意識をあげてみる。

自国での誇れるもので高い率を示しているのは、スウェーデンの「自然や天然資源」、韓国の「歴史や文化遺産」が70％台で高い率

を示している。歴史や文化遺産は多くの国でトップであるが，さすが技術の国であるドイツは「科学や技術」がトップになっている。サッカーの強いブラジルは「スポーツ」が1位になっている。フィリピンは海に囲まれた島々からなり農業主体の産業形態で農業以外の特徴的な産業が少ないこともあり，自然がトップになっている。同じくスウェーデンは森林，河川，湖沼など自然にとんだ地形で天然資源も豊富であるが，社会保障も手厚くそのため税負担が高く国民の士気もいま一つのところがある。しかし91年には新税制度が発効し，税負担の上限が72％から50％に圧縮され，その代わりに93年から高福祉政策も転換され，国も財政面の立て直しがされて

若表3　自国で誇れるもの

(単位=%)

国　名	1	2	3	4	5
日　　　本	A (47.3)	B (34.9)	C (30.0)	D (28.7)	E (28.4)
アメリカ	A (60.7)	E (59.8)	F (56.6)	C (47.7)	G (46.4)
イギリス	A (47.7)	F (41.1)	C (39.1)	H (30.2)	J (28.1)
ド　イ　ツ	E (51.1)	C (48.8)	F (46.1)	D (38.9)	A (31.7)
フランス	A (64.2)	D (55.4)	G (34.4)	E (34.4)	H (31.3)
スウェーデン	G (75.0)	F (64.3)	C (64.0)	H (55.4)	A (50.3)
韓　　　国	A (75.2)	D (33.2)	I (28.6)	J (28.4)	G (25.1)
フィリピン	G (67.5)	A (62.6)	D (55.0)	K (47.0)	F (43.6)
タ　　　イ	A (60.0)	K (54.9)	D (52.3)	G (47.1)	L (30.7)
ブラジル	F (44.2)	G (28.8)	K (22.5)	A (21.0)	D (17.1)
ロ　シ　ア	A (65.8)	D (52.7)	G (47.0)	F (43.5)	E (35.2)

(選択肢)
(A) 歴史や文化遺産　(B) 治安の良さ　(C) 生活水準　(D) 文化や芸術　(E) 科学や技術　(F) スポーツ　(G) 国の自然や天然資源　(H) 教育の水準　(I) 将来の発展の可能性　(J) 国民の一体感　(K) 宗教　(L) 自由で平和な社会

出所）総務省『世界青年意識調査』1998年

いるが国民の意識の転換も必要であり，なかなか理解を得るのに時間がかかる。

　この中で日本だけが選択しているのは「治安のよさ」で他の国は選んでいない。しかし最近は日本も外国人が多くなり，それぞれの国の特徴的な犯罪が増えて来た。隣の中国，韓国からは不法入国者が多く日本経済が下降気味で就労も思うようにならないため，収入を絶たれ犯罪に手を染める人も多く，それらのことが原因とした窃盗，強盗などが横行している。イラン，フィリピン等アジア系からは麻薬関係の犯罪が多くなっている。特に最近は青少年にまで，及び日本人の「平和ボケ」も反省の時期が来ている。日本の「治安のよさ」もそろそろ自慢にならない社会が起きつつあり，いつまで自慢できるかである。今の若者まで「平和ボケ」ではこれからが心配である。そして「生活水準」は世界第3位になっているが，日本経済も回復の兆しがなかなか見えて来ないため，若者がしっかりすることが大切である。この中で特におもしろいのはアメリカの第1位が「歴史や文化遺産」が選ばれたことである。アメリカは建国が最も新しいのにこれを選んだことは「歴史や文化遺産」を大切にすることにより，国民が自国の誇りを頼りに国民の意志の統一を図りたい願望がある民族であることが証明できる。長い歴史がないものを大切にするこの精神は，裏を返せばないから少ないものでも大切しなければいけない自分たちの遺産の心のより所を表している。この精神は他の国も学ぶべきである。タイはさすがに仏教国であり「宗教」が2位になっている。変わったところでは韓国の「将来の発展可能性」が3位になっている。また4位には「国民の一体感」が入っているが自国民だけを見ている証拠である。小さいころから自分，

自国民だけで常に他国民は競争相手としてしか考えていないことである。この点はイギリスも似たところがある。タイ国の人は5位に「自由で平和な社会」が挙げられているが、これは一種あこがれ意識の面もあり、アメリカではこの「自由で平和な社会」は当然のこととして誇るべきことと思っていないものと思える。タイもかつては内戦などもあり一時は大変だったときを感じているから、今の平和なときが特に自慢と感じていることともいえる。

① 社会に対する満足度

国によっては国情の違いがあり、社会への満足度について自国に対しどの程度満足しているか今の若者の意識を探ってみても満足の違いがわかる。満足の度合いがトップはタイで「満足」している人が40.3％もいる。「やや満足」を入れれば76％の人がまあまあ今の自国の社会に満足している。この国は宗教に根差したところがあり、現状で他国と比較して満足感は一番高い。次いでフィリピンの「満足」度は26.7％であり「やや満足」を入れると72.7％になる。これらの国は気候もよく寒暖の差が少なく自国での住みやすさも関係している。スウェーデンは「やや満足」を含めると68.7％で世界に類無き福祉国家であり、他国より恵まれており自国として誇れる。アメリカは67.8％で、経済大国であり世界経済のリーダー役を果たしており、これからもリーダーとして世界に伸びて行く可能性は大である。イギリスは63.4％で、自尊心が強くかつては世界のリーダー国で経済の中心地として栄えたが、そのイメージはなかなか拭い去れない。今もニューヨークと2分される金融の中心地があり、別の意味でのリーダーには違いない。ブラジル以下は「満足」している人が50％にも達せず、このアンケートに答えた若者達がそれぞれ

満足する国をつくってくれる期待感をもちたいが無理なことかも。韓国は「不満」の人が73.7％もおり不満のトップでこれは社会体制に対する不満の多さを表している。さらに「国民の一体感」が自国の誇れることとしている。反面社会に対する不満が多いのは自己に対する満足感の得られることが少なく，不満を常に持っている証拠でもある。日本は「満足」の人が5.8％の一桁であり「やや満足」を含めても35.2％で全体の3分の1の人しか満足感をもっていない。これでは若者に夢をもてといっても現実は難しい。当然，不満者も多く58.3％の半数強の若者が不満に思っており無気力な若者が多いのも致し方ないかもしれない。

② 不満の種類は

社会に対する不満はいろいろあるが，それではどのようなことに不満をもっているのか，それを解決しなければ若者の奮起は起きない。

不満の種類は，日本で1位は「学歴によって収入や仕事に差がある」であるがこの項目の他の国では韓国が2位に入っている。「学歴によって収入や…」の項目が5位以内に入っているのはアジアのみで学歴偏重社会が支配している現れである。まだまだ実力社会とはいえないところがあり，最近の若い人の中には学歴社会の警鐘の行動もあらわれている。この最大の原因は，例えば国家公務員など典型的で上級職試験に合格すればそのときから将来の昇進コースが引かれており，彼らが一線で苦労する実務処理を担当することはない。当初から管理部門を中心としたコースを歩み他の人が努力しても，一定のところまでしか進めないため努力のしがいがないこともある。これらの例からまだまだ実力社会になり得ないところがあり

若者は敏感に感じている。親は子供のころからよい学校にいれるため塾に入れ勉強中心の生活で，社会性を身につけるゆとりのない学生生活中心の，偏った能力の人が育ちそのまま社会に飛び出し，その結果住民の生活と遊離した制度ができてしまうことが多い。これも「よい政治が行われていない」ことにつながって行く。この国家公務員などの採用試験制度を変えない限り，この意識も変わらない。「人種差別」を第1位に挙げている国はアメリカ，イギリスで，「就職が難しく失業が多い」を挙げているのはドイツを始めとしてフランス，スウェーデン，韓国，フィリピン，タイ，ブラジルなどで就職先が少なく景気の後退が挙げられており，それぞれの国の経済の動きにも影響されている。日本の2位は「よい政治が行われていない」で外国は「貧富の差がありすぎる」が2位に入っている国が多い。福祉の充実しているスウェーデンでも2位に「老人等社会福祉が不十分」があげられ，さらに充実を求めている。フィリピン，ブラジル等は「治安の乱れ」があげられ，経済を含め国政への失望感も考えられる。最近話題の「環境破壊」は各国とも上位にはのぼってきていないが，日本の場合は第5回以前の調査の中でも2，3位内の中に入っており，環境に対し若者が注目していることがうかがえる。日本の経年比較の中で以前は「まじめな者がむくわれない」が毎回2位〜3位にはランクされており，反面不正が通る社会に反発心をもっていたことがうかがえ，当然「正しいことが通らない」も同様で上位にランクづけされていた。その点外国は「環境破壊に対する関心度」が低く不満の上位には挙がって来ていないが，これは環境破壊をするような行為が少ないと見るべきであり消費大国日本も資源の乏しい国で，外国を犠牲にして今日の消費大国が成り立

っていることを考えるべきである。ヨーロッパの国々のドイツ,フランス,イギリス等が「若者の意見が反映されない」が4位から5位のところに位置しており,若者の政治などに対する活躍の場がないことがあげられている。男女の性別差をあげているのはアメリカだけで女性の活躍の場が日本と比較し,大いにあるはずであるがそれでも女性差別を挙げている。他の国では5位までに「男女格差」は挙がってきていない。今は経済の停滞でどの国の若者もまず就職を希望しており,経済対策を国に求めていることがうかがえる。日本は良くいえば制約されない生き方ができる国ともいえないこともないが,反面,自分を主張する生き方をしていないともいえる。世の中の不満を訴える行動もしたくないのか,不満に思うことがめんどうなのかどちらかであると思うがむしろ後者の方の気がする。ロシアなどは「貧富の差」がトップであり「就職が難しく失業も多い」が第2位である。この「貧富の差がありすぎる」は第2位にあげている国は多く,イギリス,ドイツ,フランス,タイなどで経済配分の偏りに不満をもっている証拠でもある。

③ 国民性のイメージ

国民性については,自分が思っているイメージと外国の人が描くイメージは違っていることも多い。例えば日本人自身は自分たちを「勤勉」「見えっ張り」「礼儀正しい」ととらえているが,外国から見た日本人のイメージは,アメリカ人からは「知的」「進歩的」「礼儀正しい」と見られ,イギリス人からは「勤勉」「知的」「進歩的」と見られている。ドイツ人からは「勤勉」「礼儀正しい」「進歩的」な国民と,フランス人からは「勤勉」「進歩的」「礼儀正しい」国民として見られている。変わった見方では韓国人が「実際的」「勤勉」

と見ている。外国人からは平均的に日本人のことを「勤勉で知的」「実際的で進歩的」な日本人イメージが描かれている。かなり好意的な見方がされている。

　それでは外国はどうであろうか。アメリカ人は自分たちを「知的」「見栄っ張り」「進歩的」ととらえており，イギリス人は自分たちを「勤勉」「実際的」「礼儀正しい」と見ており，ドイツは「勤勉」「進歩的」「実際的」であり，フランス人は「勤勉」「進歩的」「見栄っ張り」で，韓国人は「見栄っ張り」がトップであり「勤勉」が２位。タイ人は「勤勉」がトップで「寛大」「平和愛好的」と続いている。ロシア人の１位は「勇敢」で「寛大」「平和愛好的」と続いているが日本から見た場合は少し違う気がすると思うがいかがでしょう。

　少ない人のイメージであるが，日本人を「信頼できない」「横柄で見栄っ張り」な国民と見ている人もいる。特にイギリス，ドイツ，フランスの人からは「信頼できない」「横柄」な日本人イメージがある。これらは，今後日本人が外国人と接触するときに気をつけなければならないことであり，交際マナーを学ぶことも必要である。

8　人生観

　国民のイメージとして前記の通りであるが，自分自身のことをどのように思っているか。これは国民性とは少しイメージが違うが，国によっては多少の考え方やイメージの仕方に違いがある。相対的にいえることは「やさしさ」や「明るい」「正義感」「忍耐力，意志力」が上位を占めている。各国ともそんなにイメージに違いはない。このイメージの通り，人生を過ごしてくれれば戦争や国同士の摩擦

はないはずであるが，人間は欲により生き方も変わり，欲望を満たすことを優先する気持ちが起きると，人生観に異変がおこり，他人との摩擦も生じてくる。内戦を含め戦争はそれぞれのリーダーが自分の欲望を達成しようすることに問題があり，多くはリーダーによる，個人的なエゴが原因になることがほとんどである。その結果，常に一般国民が犠牲になっており，人の欲望には際限がなく人の性格の中で一番いやな部分である。しかしこの欲望は人間の本能であり，かつては多くの国で宗教戦争も起こっており，宗教も自分の信徒を増やすことや他人を仲間に入れることで自分の正当性を見せつけることも欲望の一つである。戦いは思想的なものがない以前は，自分が生きるための「食」の確保，食に満足するとよりよい「住」の確保，住が確保できるとより良い生活を求めて「楽」をするため自分の替わりをつくるのに力で他人を押さえ付け自分の「歓楽」を得るためである。自分に従属する人の確保のため人を傷つけ，力により相手を征服することで自分を有利にする。自分の心のあり方を自己の偽善の心に変えて仲間づくりをするのが宗教である。つまり人は自分だけでは過ごせない証拠であり，人の心の悩みをうまく掴み同調心にうったえたものが宗教である。さらに，人は自分の存在を確保するため自分に同調する人，自分の信心を正当化させる「仲間」づくりが宗教戦争になる。宗教は一つの考え方等（心の思想）の仲間づくりの一種であり，いろいろ考え方の違いが出て来れば仲間の多さの競争であり，自分の考え方に同調させるため力で押さえ付ける欲望の現れでもある。

① 悩みや相談相手

若者は今どんなことに悩んでいるのかを調べたものであるが，日

本を始めほとんどの国の人の上位が「お金」「就職」であり，3位に「仕事」「勉強」「家族」等が入って来て，物質的な条件を優先していることがうかがえ，精神的な面は下位にランクされている。ドイツの3位には「異性のこと」が挙げられているが，4位以下にドイツやスウェーデンでは「政治面」が挙げられている。フランスの特徴は1位に「勉強」が挙げられている。

　悩みも年ともに変化し，その時の社会情勢も影響がある。最近の各国とも経済が停滞しているため，どの国の若者も経済面や就職への将来展望に不安感をもっている。

　そんなときには，誰に相談し，悩みの解決を図っているかであるが，日本と韓国は「友達」がトップで2位が「母」である。これを見ても親子関係の希薄さと家族の関係が分かる。肉親より友達を頼りにしているこの国の若者は家庭内の会話の不足が表れている。日本と韓国以外の調査9カ国の第1位は「母」を挙げており，2位が「父」ないしは「友達」である。この父親の存在で4位以下に入っているのは韓国，フランス，ロシアでこれらの国の若者は相談相手として「父親」の存在価値は薄く，頼りにならない父親になっている。ただ日本も3位には入っているが相談相手としてのポイントは低くフランスとそんなに変わらない。日常生活の中で子供との接触が多いのは母親で父親は仕事があり，どうしても子供との対話の時間が少ないのは止むを終えないが，もっと子供と接する機会を多く持つことが大切である。家族にとって頼りになる父親として存在価値を高める努力をしなければいけない。中には順位は低いが「誰にも相談しない」者の割合が増加していることに注目する必要がある。悩みがあっても自分自身で切り開いて行ける人は良いが，切り開け

ない人は自分の「殻」に閉じこもり悩みが増幅し，その結果引きこもりや自殺につながる場合がある。これは人との交際が苦手な人が多く，話しかける相手もいなく他人と話のきっかけが掴めない，自分自身でどうしたらよいかわからない人でもある。昔は相談相手として「先生」の存在は高かったが，いまは相談相手としての存在価値が薄く，サラリーマン化している先生の姿が想定でき，毎回最下位であり，心の相談相手としてだんだん遠い存在になっている。

9　日本の若者

これらを分析して見ると，日本の若者は「井の中の蛙」で国境が陸続きで常に外国からの侵入を警戒している国々とは刺激の受け方が違う。最近日本にも多くの外国の人が来ているが，島国で安全な国の単一民族で「平和ボケ」の若者像が現れる。しかし外国から労働者が多く入ってきており，高景気の時は良かったが，最近のように景気低迷で向上の様子が見えないと，外国から働きに来ている人は収入の道を閉ざされ，生活が苦しくなる。金を得るためは，犯罪に手を染める人も出て来ており，最近の犯罪統計を見ても年々増加している。外国人による犯罪の増加は，日常生活面の不安感も募ってきており年々凶悪犯罪も多くなってきている。さらに外国人同士の金銭の争いによる殺人事件も増加している。若者の最近の犯罪の中でも，麻薬関係の犯罪の若年化が目立ち，しかも相手は日本人の高校生を始めとした低年齢化しており，取引場所も町角や公園を利用することが多く，特に販売ルートは携帯電話等で情報交換しており，現場を押さえるのが難しく検挙率も低下している。麻薬の日本持ち込みの多くは，韓国ルートが多く，密輸するためにはいろいろ

工夫をこらしており税関での発見も難しくなっている。旅行者を装って体に巻き付けて来日したり，トランクを二重底に改造し隠匿，衣類へ縫い付け着服，さらに洋酒等へ溶け込まし密輸，輸入機械部品に見せかけての偽装，輸入食品への混入，中にはカプセル状態にして飲み込み日本で排泄から取り出す，女性性器に隠蔽する等，手のこんだ密輸が横行し取り締まりも苦労している。取引の現場も常に移動しており行動パターンを掴むのが難しく，最近は日本の暴力団と手を組み，ますます広域化している。さらに，大量の持ち込みも横行し，この場合は不審船による海上輸送が多く，最近では150kg（日本での末端価格90億円相当）を持ち込もうとして逮捕された。この不審船の多くは北朝鮮船籍が多く船名を消し外観は手入れも悪く錆びだらけの船が多い。それぞれが犯罪被害者にならないため危険個所に近寄らないことが必要で，特に外国人で昼間から服装もラフな格好で街角や公園で2〜3人集まりキョロキョロしたり，たむろしている人を見たら近づかないことである。また街角で用事もないのに話しかけられたら，まず注意する必要がある。

　最近の若者の行動パターンを分析してみると，社会や仕組みに問題点がある。特に今の家庭教育や学校教育，さらには地域で社会の共同意識を育てる仕組みがない。そのため人を思いやる心と責任感ある態度が取れる人間性の育成が欠けている。若者に多い交通事故もこの人間性に問題点があり，自分だけの道路という認識が知らず知らずのうちに車の運転行動に現れ，周囲の動きや環境を無視した走りが多い。特に車の改造で車高を下げて走るシャコタン車は若者は自己主張のつもりであるが，日本の道路事情を考えた場合デコボコ道を車を擦らし乗り心地を悪くしている。さらに車内を飾りたて

ている人も自己主張の行動のつもりであるが，走り方を見ると自分だけの道として我が儘な走りをする人が多い。車は移動の道具であり休息する場ではない。これらの若者は他の人の動きを注視する配慮に欠け，行動も自己中心的でありその結果が交通事故に結び付くことが多い。

　この行動分析をすることにより，若者の交通事故減少の対策のヒントも得られると思う。以前，若者の特徴を「ヤングドライバーの安全運転のポイント」として交通安全読本を作成したが，その際に，若者の交通事故状況を調査し行動を分析，一つの行動パターンを割り出したが，この時は特に事故件数が多い19歳に特徴があってこの点に注目して分析した。この年齢の行動特性を知ることにより現在の免許制度を検討することも必要なこととして浮かび上がって来た。この性格を分析したことと事故の内容を照らし合わすことにより，減少対策を合わせ見るとうなずけることが多かった。当時はこれらの冊子を市内の各事業所に配布し従業員の交通指導に役立てていただくようにしたが，どの程度参考になったか，結果の把握をしていないのが心残りである。

　今，団塊世代は仕事中心の家庭生活で家族のことをおろそかにしてきた結果，家庭の中でも父権が弱くなっている。皮肉にも最近は景気後退のため企業も時間的な余裕ができつつあり，父親と子供との触れ合いの時間も多くなってきている。昔は近くの子供との遊びの中から集団として先輩，後輩への接し方が社会に出た場合の職場集団の教育の一部であり，社会人として行動の仕方も学べた。ところが今は学習塾全盛で地域での子供の遊びも減少し，集団としての行動が学べないまま社会に飛び出し，企業という集団の中にうまく

溶け込めない人が多い。その結果，人間関係で転退職を繰り返し，仕事に集中できず落ち着けない生活を繰り返すなど，人付き合いを苦手としている人が多い。今は核家族化の中で兄弟も少なく，年齢の違いのある人との付き合い方が家庭の中からも学べない。今の親は，少子社会の中で子供の顔色をうかがいながら日常生活を送っており，親が子供に気嫌とりしているようではよい人間性は育たない。もっと積極的に子供と接するべきで話し合いの時間を多く持つことと，親が地域活動することにより時には親子で共同活動を行い，他人の親子との触れ合いの中で人との付き合いの仕方を学ぶことが大切である。

　最近の父親も少しずつ変化してきている。小学校の発表会等に行っても両親ないしは父親の姿を多く見かけるようになったが，ただ気になるのは発表会や運動会でも父親の役割はビデオ撮りの担当で，自分の子供に熱中するあまり周囲の動きにあまり関心を持たず，平気で人のカメラの前にも出て撮影している。これは周囲の状況が把握できていないことで，さらに良く観察していると，母親はお母さん同士で話に夢中でその中で子供に関する情報交換もしている。父親の方は，他の父親と会話している姿はほとんどなく情報交換している姿は見られない。例えば，運動会の昼食は学校内で家族ですることになっているところが多いが，食後の姿はほとんどの父親はゴロ寝，一方，母親は知り合いの母親同士で井戸端会議に熱中，この中からも子供の情報を把握しており，子供との家庭の会話の題材が得られるが父親にはこれがない。もっと父親同士の交流が必要であり，交流のきっかけづくりの努力をすべきである。例えば，地域の子供会のレクリエーションの指導や，PTA活動の役員会に積極的

に参加すべきである。おっくうがらずに機会をとらえ積極的に行動することにより子供との距離も縮まり要は行動あるのみ。アメリカなどでは夫婦での参加が多く、ボランティア活動でも家族単位で参加する。家族で参加することは子供が親の行動を見て育つことができ、自分も大人になったとき、ファミリーで活動することを成長する中で自然に身につけて行くのである。

　日本はどちらかといえば母親と父親の活動の場が違い、その結果子供は取り残されてしまい家族での活動の場を見ることも少ない。これでは大人になってからも社会性は育たない。もっと親の活動している姿を見せるべきであり、行動も共にする機会が必要である。

　地域活動をしなくて困るのは、特に男性の場合退職後である。毎日の定期的な出勤から一夜にして毎日家にいることになり、これでは急激な生活の変化で「ボケ」も早くなるのは当然である。毎日が妻の後について行く「ワシ男」（買い物や妻の外出するときワシもいく）では妻にしてみればこれがうっとうしく目障りな存在で、これが定年離婚の理由にもなっている。「ボケ」ない生活をするためには生活名人になることが必要で、それには5つの顔をもつことが大切で、これを退職する前から心掛ける。

※生活上手のポイント
1　家族メンバーの顔＝家族、家庭の中で自分の居場所があること。
2　町内会の顔＝社会活動や地域活動に参加でき町内会で存在を認めてもらう。
3　趣味の顔＝料理や絵画等何でもよいが、自分こそ名人である自負をもつ。

4　一人上手な顔＝何かを楽しみ一人ですごせ，心が豊かになるようなことをする。
　5　ボランティアの顔＝自分で役立つことがあるよう積極的に現役時代に心掛けておく。

　若者の意識調査結果を見ると，日本の将来が案じられる。将来を担う若者がもっと世界情勢を勉強し，将来の社会不安を認識する必要がある。悪くいえば「平和ボケ」の人が多いことが日本の将来に不安を与えている。国政面も外国の様子をうかがいながらの政策が多く自主性に乏しい内容で，日本の将来の方向づけが把握できないので若者も将来に夢をもつことができない。国内政治では政党派閥にこだわった国政では，本当の日本の将来を心配している政治家がいないような気がし，日本の政治に失望している若者が多くこれが無気力な行動に現れている。この弊害の元は高齢国会議員の多いことにも起因しており，もっと若い国会議員の活躍の場を与えるべきである。国政を担当する人に時代認識ができる人を選択すべきであり，国会議員の若年齢化と意識の改革が必要である。それには，議員定年制を設けるべきであり70歳過ぎの人がやるべきではない。さらに現行の議員定数が多すぎ，それが国政の合理化の進行の足を引っ張っている。せいぜい今の半数の定員で十分である。これが若者の政治離れの一つであり若返りは当然必要で地方議員にしても同様である。今の政治体制では国民の税金の無駄遣いであり行政改革が第一である。組織より定数削減こそ第一にすべきが行政改革で，二院制を廃止し，政治の仕組みを変え，現在の参議院は必要ない。若者の希望が持てる日本の将来が確立できる政治のあり方や国民が関心をもつような改革をすべきであり，現行では日本の若者が目標

が定められない世の中になっている。日本経済が発展するためには今後の働き手の中心になる若者の意識を喚起できる政治をすべきであり，経済発展を図る政策を早く打ち出すことが必要である。今の政治の腐敗の一因として政党政治が原因の一つに上げられる。この政党政治を踏襲するということであれば，当然今の国会議員の定数は必要ない。例えば，政党と違う考え方をもっていても，それを主張しようとすれば政党から追い出され同調せざるを得ない。それなら多くの個人の考え方は必要なく，騒ぐ弥次馬の応援議員を多額の報酬を支払って国民が雇う必要性がない。この応援議員には年間1人当たり4千万円も報酬を支払い，それがむしろ国会審議を遅らしむだな経費の最たるものである。時にはテレビの国会審議の発言をみていると単純な質問で能のない審議の繰り返しの現状を見せられると「単純質問しかできない議員なら必要ない」と思えてしまう。野党政党も自己の政党主張から出る勇気がなく「意固地」なくらい自己主張に固執しており，これではいつまでたっても政権は取れない。何でも反対すれば国民がついてくると思っている単純的な政党もあり，世界を見る目を持ち合わせていないのは残念である。少数精鋭の国会議員を選抜し，真の愛国者により国政を行うことが必要な時代に来た。いつまでも多くのむだな議員をおいておくこと自体が改革の妨げになっている。理屈ばかりが先行し実質的な意見案がなく無駄な時間に多くの国民の税を使う議員のあり方を変えることが行政改革の最たるものと思える。人数的には現在の国会議員を3分の1にして能力ある議員の出現を期待したいものである。地方議員にしても同様で将来に期待できない社会を改革する行動がない政治に対して今の若者に同情したくなる。

第6章　考えよう今後の日本経済

　今まで将来の経済発展の担い手になる子供の少子化現象をとらえ，データの分析から自分なりの考え方を述べてきた。現在のさまざまな社会現象が起因する原因は単一でなく，複合的な条件が重なった結果として起こっており，この解決は単純ではない。将来を心配することは必要であるがそれぞれの人が自己で将来を切り開いて行くことが肝心で，とかく無責任で楽な方向を選択する人が多い。それを自分勝手な他人依存のせいにすることが多く，まさに無責任時代である。この現象は現在の国政にも現れ国会議員の行動を見ていると，まさにその通りであり，若者が夢がもてない原因の一つでもある（当章図表番号の前に「輸出入」という意味で輸を付す）。

　日本人の意識として集団行動は得意で，その典型的な言葉として「交差点　皆んなで渡れば怖くない」等，いわゆる集団行動を得意としている証拠である。仲間が多ければ多いほど自分にかかってくる責任の度合いが薄く，いざというときでも責任転嫁することができる狡さが現れている。バブル全盛期の経済活動においても同様で，金融機関は自己情報分析の努力を怠り，他人依存の情報に惑わされ，目先の利益に走り，それがこぞって不動産関連の投資である。そのため地価の高騰を招き，一般市民へ苦しい生活を強いる原因の一つになっている。生活経済の混乱は国民の心を暗くし，消費経済や個人資金の流動化を停滞させ，将来の経済不況を暗示させ，国民の自己防衛を促進させている。その結果，金融機関も自分の首を絞める

ことになったが，その原因をあたかも政府の経済政策が悪いように自己責任逃れをしている。金融機関は飽くまでも私企業であり，自己責任で経営方針や立て直しを図るべきである。それを国の政治のせいにすること自体間違いである。利益が上げられない原因は，トップの経営能力の欠如であるにもかかわらず責任をとろうとしない経営者の多いことが，ますます日本経済の停滞を招いている。これは政治家も同様で，もっと真剣に責任を感じてほしい。責任を感じない行動は経営者の資産隠しなどにも表われ，自己資産を増やすことしか考えていない人が多い。この無責任体制が国家官僚にも及び，上級官僚が自組織の特別法人に天下りしたり，予算の不正使用により蓄財を図り，さらに高い報酬を受け取り自己資産の形成を図っている。しかし彼らには罪の意識がなく，監視すべき国会議員も同様に国税を不正に私物化している。これでは誰が真剣に日本の将来を考えるか不安はつきない。若者が夢ある将来を描けないのも当たり前である。

　バブル崩壊後はどの金融機関も経営が苦しく，大手の都市銀行でさえ倒産の危機に直面している。これなどは国政を中心として多くの銀行が不動産を中心とした目先の投資で，一方向に経営投資をした結果が招いたことであり，国も指導を十分果たしていないため突っ走るしかない状態であった。各企業が自分の会社の経営に自己主張のない他人依存の企業経営で努力を怠っており，他人と同じ方向を向いておれば大丈夫と勝手な推論で他社に遅れないように同じ方向を向いて走った結果である。特に金融機関の指導的立場である旧大蔵省や経済面の情報提供機関の現産業経済省などの職務怠慢も原因している。

国の行政機関が分散化しすぎ，責任の所在がはっきりしていないことにも問題がある。国は自分の省の下に財団法人化した外郭団体を作り，そこに責任逃れの指導研究をさせているが，この団体にしてみれば，親官庁に報告義務はあるが国民に情報提供する義務はなく，その上親官庁には法人責任者のかつての部下が多く，仕事に馴れ合いと甘えがある。

　親官庁の職員はいずれは自分もその団体に天下りする可能性があるため，団体の合理化が図りづらい。天下り制度を廃止しない限り行政改革はできないし，公務員が自組織のセクション主義を変えない限り改革は難しい。政治面でいえば政党の枠を越えて本当の日本の将来を考える人の必要性をつくづく感じる。

　今環境問題がクローズアップされているが，今後の経済の伸展は環境問題を除いては考えられない。日本の主要産業である自動車を始め，電子機器産業など全てに環境汚染防止・リサイクル材料の使用を念頭におき企業活動をすべきであり，消費者である国民も心して選択する必要がある。安易な製品でも金儲けができれば由とする企業も多く，そうなれば購入する商品を消費者みずからが選択する以外にない。これは経済の活性化も必要だが政治が無責任なことをするなら，国民が環境を意識した行動で国を誘導していく以外にない。これから環境問題を活性化していくには日常の消費活動など環境に配慮したものを優先するなど，国民が主役になる以外にない。さらに企業自身も環境の取り組みを企業宣伝に積極的に取り入れPRすることがイメージアップにつながる。それがいまはやりの環境マネージメントのISO（世界標準化機構）9000や14000の認証取得であり，これが自社PRの一つになっている。各企業はきそって認

証取得を目指しているが，多分これも2～3年後には話題にならなくなると思われる。なぜかといえばISO認証そのものは製品には直接関係ないからである。だから企業によってはそれ以上のことをやっているとの自負がある企業もあり，認証取得は関係ないといって取得挑戦しない企業もある。その証拠には平成9年11月，日本の自動車メーカートップであるトヨタ自動車は社長自ら先頭に立って低公害車の売り込みをPRし，特にISO関係は一切触れずに企業にとって認定は関係ないといっている。定期的なチェックはあるものの，取得後の努力の意気込みが少ない企業もある。企業が常に意欲を継続するためには，一定の制度を設け製品が通用しなくなる規制が時には必要である。そのために一時の流行であり企業宣伝だけでは社会に与えるインパクトが弱いからである。さらに認定を交付する団体そのものがズサンなチェックで，認定団体そのものが信憑性を疑われるような行為があり，既にISO制度にも翳りが生じている。トヨタの低公害車は単純にガソリンの使用を減らし電気との併合によりエネルギーの代替え処置を図ったことでまだまだ根本的な解決ではない。ただトヨタの強みは販売製品として一番に売り出すことと，企業トップが先頭に立ち企業の姿勢と意気込みを購買者に訴えることができたということで，環境企業としてのイメージが定着できた。さらに本社内に環境部の新設など環境に積極的な取り組みを始めた。クリーンな企業イメージを図ることにより，商品も環境に配慮していることをうったえるためである。もともと自動車は化石燃料消費の最たるもので，自動車の排気ガスが地球の空気汚染の一翼を担ってきたイメージを払拭し，イメージチェンジを図る処置として取り組み出した。これなど1番にやることに意義があり2番目

ではインパクトが薄い。その辺りの効果をねらった発表でありそれが今日成功している。

　もう一方で是非企業が責任を持ってほしいのは，廃棄製品の再資源化である。自動車を例に取れば，廃棄された自動車が至るところで山になっている。いままで製造メーカーは売ることに専念して，廃車後の処分方法はおざなりにされており，十分な対応がされていなかったため結構これが街の美観を損ねている。最近自動車メーカーもようやく反省し取り組み，廃車のリサイクルセンター会社をつくり出した。トヨタは今は70～75％までリサイクルでき，新しい廃車センターでは将来95％まで再利用可能な処理ができるようになる。電気機器メーカーのソニーも平成9年11月，愛知県の一宮にリサイクルセンターをつくり自社製品の分解再利用方式で100％再利用に取り組み出した。この中で注目すべきことは分解部品をそのまま使用できるものを考え，次の製品にそのまま利用することである。日本は国土が狭く資源に乏しい国で，戦後の経済発展も多くの資源を外国から輸入し国内で製品化し，それを輸出することによって外貨の獲得をし日本経済を支えてきた。外国との競争の中でもよりよい製品と性能を売り物に市場を拡大していった。要は原料を輸入し商品として付加価値をつけ，消費者の購買心を刺激することで世界市場を得ていった。平成14年8月26日から南アフリカのヨハネスブルクで「持続可能な開発に関する世界首脳会議」（環境・開発サミット）が開催されている。今回のサミットは先進国の政府開発援助（ODA）や，新たな貿易ルールづくりなど，経済面での交渉が焦点になっている。世界人口60億人のうち，12億人が1日1ドル以下での生活を余儀なくされているといわれている。多くの食

材を輸入している日本の食生活を考えると，料理の食べ残し等簡単に捨てている現状を反省する必要がある。

途上国の多くは「理想論はもうたくさん。私たちは明日生きるための糧が必要なのだ」と多くの途上国の人々から必ず出る言葉で，環境問題より国費債務返済に向け，熱帯森林を伐採し，天然資源を多量に輸出する以外になく，これが野生生物の絶滅につながっている。

環境問題とODAや貿易は今や密接な関係にある。南アフリカのスワジランドのロイ・ファノラキス農業相は「先進国が環境保全を求めるなら途上国の貧困解決が最も有効な手段。日本を含めた先進国が，自国農産物への補助金などを撤廃すれば私たちの農作物もよく売れ，生活が向上し，資源を守ることもできる」と強調している。日本を初めとした先進諸国はこれらの発言の意図を十分理解し，環境破壊の元凶は自分たちが間接的に引き起こしている事を知るべきである。自国の立場で物を考えるのではなく途上国の実態も把握することが日本に課せられた義務でもある。しかし資源は有限であり物の使い捨て時代はもう反省する時期に来ている。メーカーも安く売れればよいという考えを捨て，誇りがもてる長く使用に耐える製品づくりに徹したい。身近なことでは食品の販売方法である。いま核家族やシングルライフを楽しむ人の多い時代なので，一定量のパック売りが中心のため，余分な量でも販売単位がそれしかなければ買わざるを得ない。少しあればよいものをバラ売りがないため，ついつい買い過ぎ余分な分は捨てる以外にない。さらに梱包財（パック等）が石油製品で家庭では燃やすこともできない。容器はゴミとして出す以外になく，それが焼却ゴミの増加と処分費の高騰を招く

とともに，高熱を発生するため焼却炉を早く傷め，焼却排煙からはダイオキシンを発生し空気汚染の原因にもなっている。しかし商品を提供する側からは，このパック梱包は作業の効率化と商品の保存や発送の合理化，食品の衛生保存にも役立っている。人件費の高い日本では廃止できないのが現状であり，要は使い捨ての最たるものであるが，消費者自身が環境に配慮した商品選択をすることが必要で，消費者が買わなくなるまで企業は梱包財の使用はやめない。そんな中一部のスーパーで「量り売り」を取り入れる所が広がってきた。東急ストアは駅前立地の大型店等で直営の総菜売り場「tokyu kitchen」を導入，サラダの量り売りを始め，主に帰宅途中の夕食向けに購入する顧客を中心に始めたが，昼食時に買い求めるOLも予想以上に多いとのこと。東武ストアはサラダを始め16種類を対面方式で販売し，7月の惣菜売り場全体の売上を前年同月比14％増で需要は大きいとして量り売りコーナーの拡大を計画している。ダイエーでは総菜コーナー「おかず工房」を37店で実施。サラダ等和総菜を中心に50品目を扱っており10グラム当たり18円前後で売り出し，旬の野菜など季節感を工夫し人気を博している。クイーズ伊勢丹では約40種類のカラフルな豆状のゼリーを100グラム当たり300円で量り売りし，目玉商品になっている。好きなものを少量ずつ単身世帯から家族向けに必要な量を購入できる量り売りする店舗が徐々にではあるが増える傾向にある。企業は物が売れなければ生き残れないため，消費者ニーズに合わせた商品販売を必要とする時代にきた。

　消費者も環境に配慮した品物やムダを排除した買い物に努力することが必要で，ウッカリした買い物では環境汚染の協力者が消費者

であり，自らも原因者になっており企業ばかりを責めることもできない。

1　日本の食糧事情・自給率と輸入

　日本経済は原料を輸入しそれを製品化し輸出していることで成り立っているが，食料も同様である。多くの食料原料を外国に頼り自給率の低さが気になる。品目によっては自給率0に近い食材もあり今後の日本の大きな課題である。

　この自給率を個別に見てみると，日本の主食である米が95％になっている。過去の自給率の推移を見てみることにより，日本での作物の変遷と工業生産中心社会に切り変わっていった経済活動で，何が犠牲になっていったかが分かる。

輸表1　おもな国の食糧自給率

(単位：％)

国　名	年次	穀物	内食用穀物	いも・でんぷん	豆類	野菜	果実	肉類	卵類	牛乳・乳製品	魚介類	油脂類
日　　　本	1998	27	59	89	5	84	49	55	96	71	66	17
イギリス	1988	05	97	90	106	88	11	81	97	92	89	47
イタリア	1988	80	79	86	57	22	112	73	95	68	40	69
オランダ	1988	28	42	242	15	300	25	236	320	140	245	110
スイス	1988	53	62	102	11	58	83	85	48	108	10	34
スウェーデン	1988	103	104	92	84	63	26	102	104	101	80	72
デンマーク	1988	136	132	154	151	55	14	295	99	198	110	94
ドイツ（西）	1988	10	113	99	27	40	41	89	71	112	34	21
フランス	1988	222	241	104	136	86	63	101	96	116	59	89
アメリカ	1988	09	182	97	123	97	82	97	02	100	71	01
カナダ	1988	47	260	109	175	69	32	115	98	105	293	00

出所）平成10年度　食料需給表より

輸表 2　日本の主な農産物の自給率

(単位：％)

年度	米	小麦	豆類	野菜	果実	肉類	鶏卵	牛乳・乳製品	砂糖	主食用穀物
昭和30年	109	41	51	100	104	100	100	90	11	
40	95	28	25	100	90	90	100	86	31	80
50	110	4	9	99	84	77	97	81	15	69
60	107	14	8	95	77	81	98	85	33	69
平成10年	95	9	5	84	49	55	96	71	32	59

出所）農林水産省『農業白書』2001年

　まず米については，農業者自体が少なくなってきたが，農業の集団化により米の収穫量自体はさほど落ちなかった。50年後半から政府の減反政策と主食の変化により米作りも変化している。特に小麦は減少しており平成に入りさらに低下している。豆などは5％の自給率で，ほとんどを輸入に頼っている。小麦は9％・砂糖が31％となっており自給率の低さを示している。それでは不足食糧をどこから輸入し補っているのかであるが，主な食糧品の輸入の現状は次のとおりである。

2　食糧品別輸入状況の比較

　（1995年及び2000年輸入量比較　単位：MT＝トン）

　※以下統計数値は各年の「通商白書」より

◆　肉　類

　肉類全体ではこの5年間に13％の伸びを示している。食生活も欧米風になった一つの証しでもある。今後も増加する可能性はあるが，2000年の自給率は約55％，昭和30年代は100％の自給率であったのが年々減少して現在は半分の自給率しかなく，輸入に頼る以

◆**輸表3** 肉類（主な輸入国及び全体量からみた輸入構成比）

(単位：MT)

1995年			2000年			伸び率
輸　　入　　国	数量	構成比	輸　　入　　国	数量	構成比	
総　　　　　量	2,126,845	100.0%	総　　　　　量	2,404,559	100.0%	113.1%
米　　　　　国	696,028	32.7%	米　　　　　国	804,489	33.5%	115.6%
オーストラリア	362,726	17.1%	オーストラリア	370,745	15.4%	102.2%
台　　　　　湾	275,975	13.0%	台　　　　　湾	362,055	15.1%	155.6%
中　　　　　国	232,736	10.9%	中　　　　　国	160,488	6.7%	272.2%

注）牛肉，羊，山羊，豚肉，家禽肉，馬肉，牛の舌等くず肉，その他肉類調整品等
出所）農林水産省『農業白書』2001年

外にないが国策で生産農家の保護をしていくことは大切なことである。いつも問題になるのは輸入価格で国産牛より安ければ消費者は外国産を当然購入するが，国内生産者はいつも価格と味で消費者に照準を定め生産していかなければならないし，さらに肉牛生産農家は飼料も外国から輸入しており国産牛といっても外国に頼らざるを得ない部分が多い。輸入先としてアメリカを始めオーストラリア，中国の3か国で64％を輸入している。最近の伸びとして中国からの輸入が伸びており輸入全体に占める率が15％に至っている。ただ中国からは中華料理の普及と合わせ肉の種類として「家禽肉や鶏肉」が主体である。

◆　**牛　肉**　　牛肉は最近の食生活の変化で伸びが大きく，輸入先もオーストラリアからアメリカへとそのウエイトが大きく変わってきた。特にアメリカはオーストラリアに変わり輸入国として伸びを示しており5年間に約16％の増，1999年は欧州地域で牛の「狂牛病」騒ぎがあり，その影響でアメリカへの依存が多くなったと思える。オーストラリアは4％増で大きな伸びはないが，この2国で

全輸入量の94％を占めている。1995年は95％でありこれより若干減少しているが依存度のウエイトに大きな変化はない。その他カナダ，ニュージーランド等の国から輸入している。また国産牛も消費者のグルメブームに合わせた改良をしており，よりおいしい牛肉をめざしているが，このブームの火付け役はテレビの料理番組で，地域がこのブームに便乗した商品開発をし地域の活性化をめざしている。例えば松阪牛，神戸牛，近江牛，飛騨牛など生育に特徴をもたせた売り込みをしているが，2001年は国内で12月までに3頭の「狂牛病」が発見され，この影響で消費の落ち込みが大きい。

◆ **豚　肉**　豚肉の輸入国も主として3国に代表され台湾からデンマークに代わった。95年は台湾がトップであったが年々減少しその代わりにアメリカ，カナダが台頭してきた。アメリカの輸入量はこの5年間に74％の伸びである。さらにカナダからの輸入が増えこの3国で79％に達しており，豚肉は牛のような銘柄肉の呼び名はついていないが，それでも生産地域は育て方が違うと他の地方との違いを宣伝に使っている。同じ肉でも体の組成分の脂肪バランスからすれば牛より豚肉の方がよいとされている。値段も牛肉と比較し豚肉の方が安く調理方法もバラエティに富み，それぞれ特色があり需要も多い。輸入量については食生活の変化と料理の流行に左右されることが多く，その原因としてテレビ等によるマスメディアの取り上げ方にも大きく影響されることが多い。

◆ **鶏　肉**　鶏肉の輸入国は隣国の中国から多く輸入され5年前の2割増の伸びである。93年の中国は82,806トン，95年には19万トンで倍になっている。2000年には24万トンも輸入しており前年対比で5割増，その分アメリカからの輸入が減少している。97

年には香港を中心に鶏肉を原因とした流行性感冒により死者が出て，中国本土まで影響し世の中を騒がせたときには，鶏肉の廃棄と市場への出荷停止や輸出停止などがあり，中国自身の消費にも事欠く状態で，日本の輸入も少なく鶏肉料理店などパニックに近い状態になったこともある。最近の食生活の嗜好の変化もあり，若鶏料理や中華料理が好まれることにより輸入量も増加し，この多くは中国から輸入している。2000年は中国から全体の42％を輸入しており中国からの輸入依存度が高い。最近は一時加工処理されてからの冷凍輸入も増加している。

◆ **肉類の調整品** この調整品の伸びは今後も大きく伸びていくだろう。最近は食生活の変化もあり食材も種類が多く，生肉で輸入するよりある程度商品加工化されたものを輸入している。これは輸出国が自国の産業育成を図る意味もあり，商品加工したほうが雇用の創出を促し価格もより高価になり外貨獲得もでき得策でもあるからである。加工食品でも日本人の好みに合わせ商品化されたものの輸入が増えており今後も増加する可能性はあるが，国内の食品企業も外国に製造工場をつくり製品化して輸入販売しているものが多い。これらは材料を現地で入手し原材料の加工保管料や輸送コストはかかるものの，迅速製品化することにより新鮮さを失わないおいしさを販売のキャッチフレーズにしているところもあり，よりす速い販売で競争力をつけている。

◆ **魚介類**

5年間に大きな伸びはなかったが，品目により増えているものもある。輸入国も中国依存が高くなっているが他の国は大きな変化はない。アメリカと中国は順位や輸入量が反転しており，中国からの

◆輸表4　魚介類（主な輸入国＝全体量から見た輸入構成比）

(単位：MT)

1995年			2000年			伸び率
輸入国	数量	構成比	輸入国	数量	構成比	
総　量	2,803,092	100.0%	総　量	3,042,765	100.0%	108.6%
米　国	461,903	16.5%	中　国	529,375	17.4%	175.0%
中　国	302,540	10.8%	米　国	337,912	11.1%	73.2%
タ　イ	205,070	7.3%	タ　イ	219,927	7.2%	107.2%
ロシア	184,247	6.6%	ロシア	219,281	7.2%	119.0%

出所）農林水産省『農業白書』2001年

輸入が増えている。特にうなぎ等は以前は台湾からの輸入が多かったが最近中国から多く輸入されており、スーパーの販売品はほとんどが中国産と明示され国内産より安く需要は増加している。うなぎを食べる習慣は日本に古くからあり、万葉の時代から食べられており、江戸時代から庶民の食べ物として定着した。この時代のうなぎ料理本には「なます・さしみ・すし・かはやき・こくせう・杉やき・山椒みそやき」とあり、現在の料理よりはるかに多くの食べ方が記されている。奈良時代からもスタミナ源として紹介され、

　大伴家持の歌に「石麻呂に　われ物申す　夏瘦に　よしといふものそむなぎ取り食せ」

と歌われ、夏バテぎみの7月に多く食べられる習慣になった。現在店頭に並べられているものの多くは養殖うなぎで脂肪分が多いが、天然物は身も味もしまっている。「たれ」は江戸の末期に「みりん」が醸造されたことによりいっそう旨くなった。

　さらに中国からの輸入が増えたのは、中国の国策で外国との貿易取引を積極的に行うように経済政策が変わり、社会主義政策から自

由貿易国へと脱皮中でとくに外国貿易を輸出方針として積極的に切り替え外貨獲得に体制を替えだしたからである（解放政策）。そのため最近は日本との貿易も積極的で，工業面では先進国に遅れを取っているが，土地の広さと人口の多さがあるため，農漁業関係の特に農産物を始めとした食品関係の生産は増加し，日本との貿易は増えた。その後積極的に日本向けの農産物の生産に励みだし，日本の国内産より安価な価格で輸入されたことに，あわてた日本政府は国内生産者の保護のため3品目に緊急輸入制限措置（セーフガード）を2001年4月から暫定発動し農産物の輸入規制をしだしたが，これに中国が激しい抵抗を示し，日本の自動車に高率の関税を課す報復を取り出した。この暫定発動は関税率の引き上げだけで輸入数量制限は決めがない。さらにこのセーフガードの動きは農産物だけでなく，タオル製品や靴下，自転車業界でも発動を求める声は高まっている。この主原因は中国の賃金の安さにあり，中国の一般工員は日本の37分の1，エンジニアは13分の1にすぎない。さらに電力，地価コストも安く中国製品に太刀打ちできないと判断しセーフガードに頼るところが想定できる。

　しかし野菜の輸入急増の原因は，日本の商社が現地で栽培方法を指導し増産した結果である。タオルやパソコンは日本のメーカが中国に製造拠点を作って逆輸入しており，純粋な中国産ではなく，何らかの形で日本企業が係わり「メード・イン・チャイナ・バイ・ジャパニーズ」製品である。セーフガードを発動すればこれらの品物も国内に持ち込むのが困難になり，簡単に発動することは難しいし，これらの分業体制企業からすれば経営悪化に成りかねないため，簡単には発動できない。

諸外国おいては2000年6月に韓国が中国からの輸入が急増したニンニクにセーフガードを発動したのに対し，中国は報復措置として韓国産の携帯電話とポリエチレンの輸入を止めたケースがある。かつてはアメリカが日本からの鉄鋼製品に輸入制限措置を発動した例がある。

水産資源の輸入も以前は韓国や台湾が多かったが，漁場が日本と韓国は競合するため操業付近の漁獲量が減少し輸入量は減っている。中国は漁場として南太平洋や日本海があり，日本との競合も多いが漁場範囲が広く，かつての日本の漁場が最近は中国や韓国に荒らされている。ロシアからの輸入は以前は少なかったが，最近は北方四島から北海道地域への積極的な接触もあり，漁獲貿易も北海道を中心として多く行われるようになった。「かに」など他の国よりロシアがずば抜けて多い。魚類によっては輸入国に特長がある。

◆ **生鮮魚類**　魚類で多いのは「まぐろ」で全体の16％を占めており，金額でも30％を占めいかに日本人がまぐろ好きであるかがうかがえる。その他魚類では「たら」「さけ」等が多い。最近の傾向では前記以外に「ししゃも」「さわら」「ます」等の増加がみられる。輸入国としては中国等が台頭しているわりにアメリカ・ロシア等が後退している。中国の台頭は「うなぎ」の輸入増加のためである。

◆ **え　び**　えびの輸入は主にインドをはじめインドネシア，ヴェトナム等3国から全体の半数を輸入しており，かつてのタイに替わって最近はヴェトナムからの輸入が多くなっている。東南アジアを中心に日本の商社が技術者を派遣して養殖をしたり，現地で養殖業を経営しそれを日本に輸入している。これ以外の国としてオー

ストラリア，フィリピン等があるが輸入量はそれほど多くはない。最近海老養殖業をインドネシアあたりで経営し成功している日本人が多いが，養殖する場所がマングローブ林を切り倒し使用しているため，減少しつつあるマングローブの保存運動をしている環境団体から批判もある。外国からの魚類の輸入物に日本人が関与していることが多く，これは消費国である日本人好みに嗜好を合わせ生産するためである。

　「エビ」の好きな日本人にとっては価格の上昇は強い関心事になっているが，国内でも養殖が増え天然産より人口養殖産が増加しつつある。エビの種類でも最近は大型のエビの「ロブスター」が人気が出て来て，この料理を出すレストランも増えつつある。これなど外国旅行した人の人気メニューとして流行し，その嗜好人気にあやかるため料理店がメニューに加えだした。最近は海鮮料理の人気が高く，和洋食中華料理店が魚介類を食材にした料理メニューを増やしている。ロブスター等は日本で捕獲できないためほとんどが外国からの輸入に頼っており，とくに若い女性の人気料理の一つであるが，この傾向は海外旅行の豊富な女性が広めたともいえる。エビの減少は「かに」料理のチェーン店の増加も影響しており，最近各地に「かに」を主食材にした出店も多い。

　◆　**まぐろ**　　寿司好きな日本人にとってまぐろは欠かせない食材の一つであるが，近海まぐろが不漁でさらに遠洋漁業もあまり芳しくなく，最近の漁獲量の減少は気になる。一時は寿司屋から「まぐろ」が消えるのではないかと心配されていた時期もあった。しかしまぐろのような回遊魚の漁獲量は海流の変化により捕獲できる場所も変化しているが，以前と比較し小型化しているものが多い。そ

のため外国でも捕獲したものを生かし養殖して大きくしてから日本に持ち込むものもある。一時まぐろが不足したときこの魚に変わるべき他の魚に活路を求め寿司ネタを使い出した店もある。しかしまぐろは日本人に最も親しまれる高級魚の一つで寿司ネタの貴重な食材になっている。しかし漁場も200カイリ水域では十分な漁場ではなく，国際水域での捕獲競争になり十分な漁獲量の確保が難しく輸入に頼ることになるが，遠くはスペインからも輸入している。

◆　**加工魚介類**　これもこの5年間には中国の伸びが大きく約倍近くになっている。加工食品になるとその国の産業にも関係しており，当然人件費の安い国のほうが価格設定には有利であり，他の食品も同様中国の貿易政策の転換により輸出にも積極的に力を入れ出したことが大きく影響している。今後も中国は人口の多いだけに産業の育成を国策として考えて行かなければならないため，より付加価値の高い商品に加工し輸出する対外政策を積極的に推進しているため隣国として侮れない。今後は十分対中国政策を考えることが必要であるが，もっとも加工品の場合でも消費者の嗜好も変化しており，より好まれる商品開発を行うことが必要でる。

◆　**か　に**　かには北限域に多く生息しており，当然漁場としてはロシアが有利である。今多くのかにはロシアから輸入し北海道を中心として荷揚げしている。「かに」はひと口にいっても世界中に4500種類おり日本だけでも海水と淡水産を合わせ1000種類おり，日本の冬の風物詩として各地で料理されている。代表的なものとして北陸，山陰のずわいがに，北海道一円で毛がに，花咲がに，たらばがにがよく知られている。かに料理も室町時代から発達したが漁獲技法が低かった江戸時代まではあまり利用されなかった。今は多

く出回っており「かに缶」は明治時代に日本人が缶詰に成功した。現在は外国でも多く製造され日本に輸入されている。産地としてずわいがにには北陸，山陰の日本海沿岸で，たらばがにや毛がにには北海道沿岸やベーリング海，オホーツク海などで，ロシアからはたらばがに等が中心で輸入されている。

◆ **穀物，その他調整品類**

穀物の総量としてはマイナスになっているが，輸入品目によって多くなっているものがある。特に米などは国際政治の材料作物として年によって大きな変化があり，1995年には28,971MTを輸入しているが，2000年には655,760MTも輸入している。平成11年度の米の需給動向を比較してみると，水稲の国内生産量（収穫量）は前年度2.5％増の915万9千トンで，前年からの国産米在庫量が約250万トンあり，単純にトータルで1,165万9千トンになる。それに対する需要量（国内消費仕向量）は991万トンで差し引き170万トンも余ることになり，日本の主食である米は不足していなくても貿易政策上輸入する場合があり，自給率から単純比較はできない。当然日本での作付け調整をしており，必要量を国内で賄う考え方は今の農林

◆**輸表5**　穀物，その他調製品（主な輸入国＝全体量からみた輸入構成比）

（単位：MT）

1995年			2000年			伸び率
輸　入　国	数量	構成比	輸　入　国	数量	構成比	
総　　　　量	28,451,512	100.0％	総　　　　量	28,331,382	100.0％	99.6％
米　　　　国	22,237,871	78.2％	米　　　　国	20,521,302	72.4％	92.3％
カ　ナ　ダ	2,638,132	9.3％	オーストラリア	3,276,467	11.6％	185.1％
オーストラリア	1,770,523	6.2％	カ　ナ　ダ	2,170,040	7.7％	82.3％

出所）農林水産省『農業白書』2001年

水産省にはない。助成金を出しても生産を止めさせているおかしな現状を考えると税の無駄遣いといわれても反論はできない。必要量以外に国は緊急時の備蓄米として200万トンを目標として保管を考えている。

最近は同じ穀物でも食生活が変化し，材料として使用する穀物も変わって来た。パンを中心としてスパゲッティ・マカロニなどの「パスタ類」も増加している。農作物は天候にも左右され日本が不作の場合は当然輸入を増加しなければならない。

◆　**小　麦**　食事の内容も欧米風になりつつあり，それが小麦の輸入にも反映して1990年前後は年々小麦の輸入が増加していたが最近は輸入量も落ち着いてきた。国についてはアメリカから半数以上を輸入しており次いでカナダ，オーストラリアと輸入国の大きな変化はない。ただ自然の気候変化により収穫量にも変化があり輸入量や価格にも違いが出てくる。最近のエルニーニョによる気候変化で穀物の収穫量が大きく変化している国もあり，今後の気象を十分考慮する必要がある。日本の自給率は約1割程度でほとんどが輸入に頼っているのが現状である。最近は人の食料としてではなく家畜の飼料やペットのえさとして穀類を多く輸入しており，今後もこの傾向は増加する可能性はある。

◆　**とうもろこしと遺伝子組み換え農産物**　この5年前との輸入量の比較では減少している。特に96年は前年比3.5％減少している年もあった。輸入国としてはアメリカがほとんどで最近はアルゼンチンなどが若干増えている程度である。生産国としてそれぞれの国の農産物の生産方針の違いや気候変化による生産量の出来高によっても輸入相手国が多少変化する。かつては中国からも年間200万

トンも輸入していたが，中国自身が収穫高の減少や人口増により国内消費が増加し輸出分が減少したため日本への輸出も少なくなっている。いま問題になっているのが遺伝子組み換え農産物である。トウモロコシはアメリカからほとんど輸入しているが，遺伝子操作の最も進んでいるのがアメリカで全体の生産量の26％が組み換え品種を使用し10品種となっている。遺伝子組み換え農産物とは，生物は細胞の中にさまざまな遺伝情報をもち，その情報に基づいて生物の体を構成するタンパク質が形成されているが，組み換えにはバイオテクノロジーの手法を使い，農産物の遺伝子に別の生物の有効な遺伝子を人工的に組み入れその品種にはない性質をもたせる。そうすることにより除草剤や害虫に強い作物ができ，栽培者には栽培管理や量産が可能であるため便利な作物として最近は拡大の傾向にある。ただ消費者からは人体に関する安全への不安を指摘する声があり，負のイメージ感が先行し消費者側からすると食味が改善するわけではなく，人体への影響に不安感をもっている。生産者側からすれば理想とする栽培作物として期待されている。厚生労働省の調査会では遺伝子組み換え作物が人体に悪影響を及ぼすと因果関係を認めたわけではないが，中には人体にアレルギーを起こす可能性が指摘される品種もあるとしている。そのため欧州連合（EU）では遺伝子組み換え作物を使用した食品はすべて表示対象にしている。アルゼンチンからの輸入が増えた理由として，アメリカの遺伝子組み換え食品が問題となったためその代替えとして増加した。飼料用で年間1,200万トン，食用で400万トン，合計1,600万トン輸入しその96％を米国に依存している。2000年秋から日本では1トン当たり3〜4ドルの費用をかけて混入検査を実施している。この遺伝子

組み換えで多い品種が「スターリンク」で，甘味料の異性化糖に使う食品用トウモロコシは，スターリンクを栽培していない南米などへの産地切り替えをしており，それがアルゼンチンからの輸入が増えた理由である。価格は3割高いが2001年の輸入ではほぼ半分がアメリカ以外の産地国からの輸入に変更されている。トウモロコシ以外にも大豆，ジャガイモ等日本での流通認可農産物があり現在（2001年4月）6作物35品種がある。アメリカなどの輸出国は組み換え農産物の生産に前向きで，規制による組み換え技術の停滞を懸念している。当然生産者と消費者では遺伝子組み換え作物に対する認識の違いは大きなものがある。今後は消費者の意向により貿易や食品業界に及ぼす影響は大きく，食品メーカーは組み換え品種のない産地からの原料輸入を余儀なくされ，採算の悪化が懸念されるが，消費者の購買意向をくみとる商品作りを輸入国も変更せざるを得ない。

　しかし日本が多くの食糧原材料を輸入しているアメリカは遺伝子組み換え食品の表示を義務づけていないので，アメリカから輸入する場合は表示対象となり，これが貿易上のネックで一種の非課税障壁となる可能性がある。当然双方の経済的な影響があり国際的な組み換え農産物流通ルール作りが必要になる。現在食品の国際規格を定めるコーデックス委員会（事務局はローマ）は，組み換え農産物の流通認可をする場合の審査基準を統一する議論をしており2003年には採択される予定である。小麦なども新種の組み換え農産物の開発を積極的に進めており結論が急がれている。しかし遺伝子組み換え食品が人体に具体的に影響を及ぼす因果関係が現れていないだけに，今は消費者と生産者の観念的な違いだけで議論されているた

め具体的な早い解決は得られないだろう。値段の安い大量生産農産物か，高い生産農産物の製品を選ぶかは消費者の選択であるが，食品材の多くを輸入に頼って生きている日本が自由な選択ができるかは疑問である。もしこの食品が何らかの形で人体に影響があるようなら世界一の長寿国は確保できないし食料を調達するのも他人の力を借りることになり他人任せの長寿国では自慢にもならない。

◆　**柑橘類**　　オレンジ，グレープフルーツ等が主体であるが，オレンジはアメリカの生産地でもフロリダからの輸入が多く，食生活の変化もあるがグレープフルーツの輸入も国によっては増加している。これらはジュースの原材料としても多く輸入されている。柑橘類の美食崇拝も影響しているが，外国での栽培では農薬類の使用が不明確なところがあり，輸入検査などしっかりチェックする必要がある。最近は国内産が注目されだし，特に愛媛県産がPRに熱心である。柑橘類等も天候に左右され，かつてはカリフォルニア等開花時期に寒波に襲われたことがあり，オレンジ，レモン，グレープフルーツの収穫が深刻な被害を受けたこともあった。そのためアメリカからの輸入が著しく減少したときがあり価格も高騰した。そのときはアリゾナ，フロリダ産の物が増えたり，フロリダの不作のときはカリフォルニア産が増えたり，気候と収穫高により輸入先も変化する。スーパーなどの広告を見てもキウイフルーツはニュージーランド，バナナはフィリピン，パイナップルはハワイ等と国際色豊かで多くの食品が外国から輸入されていることが分かる。

◆　**主な野菜**　　たまねぎも国内産の減少分は外国からの輸入に頼り，中国などから年々増加している。国内産の減少は中国産に価格面で勝てずたまねぎ農家が減少していることがうかがえる。完全

に機械化できる作物はよいが、ある程度人の手が必要な作物は人手が掛けられる中国に人件費などの面で採算負けする。その証拠には2001年4月、日本はネギなど3品目に暫定的であるが緊急輸入制限措置（セーフガード）を発動した。暫定発動で認められているのは関税の引き上げだけで輸入数量の制限はできなく、発動後200日以内には正式な発動に移行するかどうかを判断しなければいけない。この発動により通常税率が3～6％の3品目に対し、100％を超す高率関税が追加される。例えばシイタケを輸入する場合、輸入価格の4.3％にあたる通常関税に加えて、価格の2.66倍に及ぶ追加関税を支払わなければならないことになる。かぼちゃを食材にした料理加工の種類が増え需要の増加が見込まれており、ニュージーランド等から多く入っている。生産国も日本をターゲットとして日本人向けの品種に改良して作られており、物によっては外国から輸入したほうが価格も安い。日本の主食である「米」なども外国の輸入米など半分以下の価格で購入できるものもある。ただ輸入米は日本のご飯の炊き方では味がよくない品種もあるが、最近のカリフォニア米などは日本人向けに品種改良されており、日本の代表料理の寿司などにも利用され、食味はほとんど変わらない。冷凍野菜は技術の進歩により新鮮さをそのまま味わうことができ、外国からの輸入が多くなっている。特に国内産は経済大国として人の手をわずらわす物は高くなっており、人件費の安い東南アジアからの輸入も自然多くなる。

　日本の生命線は食糧自給率の低さにあり、日本が経済的にも強くなるためには直接輸出に関係ないが、あらゆるものの輸出入面のバランスを図ることが必要である。現実貿易収支の不均衡のバランス

を理由に，日本からの輸出に規制をかけられていることも多くあり，本当の経済の強さにはなっていない。農産物は地域の気候に左右されるため世界を一つに考え作物もインターナショナルの考えで，それぞれの国が特色ある作物を作ればよいのであるが，政治的に使われることが多く輸入中心の日本の食糧計画ではいざとなったときの不安感が多くあり，食糧生産も真剣に考えることが大切である。

年々日本人の嗜好も欧米化しており，輸入する食物も変化して来ているがこれに合わせ食物変化による病気，特に生活習慣病（成人病）も変化して来た。さらに最近は我々が毎日飲む水道水も高度に殺菌され管理された水でこれが本当によいのか安全性に疑問も残る。毎日管理された水で育っているため知らず知らずの内に体もアレルギー体質になっている可能性が想定できる。日本人が見たらこんな汚れた川の水といってまず飲む人はいないが，インドネシアのカリマンタン島のバリト川沿いに住むバンジャルマシン市の水上生活者の子供には「花粉症やアトピー性皮膚炎，ぜんそくなどのアレルギー性疾患の患者はいない」と国立ウリン病院の医師が語っていた。この住民の子供らには例外なく肌がつるつるで光っている。この現地を長年調査研究している東京医科歯科大学の藤田教授によると，アレルギー体質にならない原因として回虫など寄生虫が関係しており，人の体内で特殊な抗体が増加し，アレルギーを押さえる働きをしていると考えられている。人の体は各種の細菌や微生物類などと共生して進化をたどっており，これをすべて排除すれば人間の体のバランスも支障が出るのは当然である。それを排除することが元で病気も欧米型になり，ガン一つを取ってみても部位の違いが出て来た。自然食品はそういう意味では大切な意味をもっており，食物と病気

の関連性を研究することは人間の最も重要な課題である。

　金額での比較は為替レートの変動などにより単純比較はできないがこれで輸入額が増えたかどうかも分からない。しかし主食外の嗜好品などは多くなっている。また野菜等も外国依存が高まっているのは数値から現れている。

◆　**食事と健康**　　やはり国別ではアメリカがトップで5年前とほとんど変わらない。アメリカからは全品にわたり他の国より多く輸入しているが，まず肉類のうち牛肉ではアメリカがトップ，次いでオーストラリア，この2国で約95％を占めている。豚肉はデンマークがトップでありこの後アメリカ，カナダと続いているがかつては台湾から多く輸入され2000年のアメリカ輸入量相当額を輸入

輸表6　食料品輸入の推移

(単位：千ドル・MT・KL)

品　　目	単位	1995年	2000年	伸び率
総　　　　　額	千ドル	51,085,244	46,050,781	90.1％
肉　　　　　類	MT	2,126,845	2,404,559	113.1
魚　介　　　類	MT	2,803,092	3,042,765	108.6
穀物・その他調整品	MT	28,451,512	28,331,382	99.6
コーヒー・ココア・香辛料	MT	678,754	839,386	123.7
果　　　　　実	千ドル	3,380,705	3,214,559	95.1
野　　　　　菜	千ドル	3,178,012	3,272,957	103.0
糖　　　　　類	MT	2,311,222	1,934,038	83.7
飲　　　　　料	KL	1,071,767	750,338	70.0
その他の食糧品	千ドル	1,719,515	1,730,978	100.7

注）金額での比較は為替レートの変動などにより単純比較はできないがこれで輸入額が増えたかどうかも分からない。しかし主食外の嗜好品などは多くなっている。また野菜等も外国依存が高まっているのは数値から現れている。
出所）通商産業省『通商白書』より

輸表7 食料品の国別輸入額の比率

(単位:千ドル)

	1995年		2000年		増減比較
総　　　　計	51,085,244	(構成比)	46,050,781	(構成比)	90.1%
米　　　　国	15,951,483	31.2%	13,858,754	30.1%	86.9%
中　　　　国	4,704,138	9.2%	5,871,244	12.7%	124.8%
オーストラリア	3,159,820	6.2%	3,035,393	6.6%	96.1%
タ　　　　イ	2,785,886	5.5%	2,210,645	4.8%	79.4%
カ　ナ　ダ	2,056,371	4.0%	2,013,997	4.4%	97.9%
韓　　　　国	1,828,054	3.6%	1,788,217	3.9%	97.8%
ロ　シ　ア	1,353,140	2.6%	1,308,757	2.8%	96.7%
デンマーク	1,047,217	2.0%	1,225,414	2.7%	117.0%
フランス	1,246,564	2.4%	1,203,419	2.6%	96.5%
インドネシア	1,516,812	3.0%	1,127,228	2.4%	74.3%
台　　　　湾	3,238,024	6.3%			

出所）通商産業省『通商白書』

していたが，その後輸入する国も変化している。肉類の内家禽類，鶏肉は中国から多く輸入している。魚介類の内生鮮魚類・タラはアメリカで，まぐろは台湾，甲殻類・加工魚介類・うなぎは中国，カニはロシア，えびはインドネシアと国によっても輸入食品の種類が違う。タラ・カニ・ウナギなどはそれぞれの輸入トップの国が2位以下を大きく引き離した量を輸入している。穀物その他調整品は圧倒的にアメリカに頼っており，果実等でも他国を抜いてアメリカがトップである。野菜は隣国の中国から，糖類はタイからの輸入が多くなっている。コーヒー類はブラジル，茶は中国から多く入っているが最近は茶の輸入量が増加している。飲料はフランスがトップでワイン等が中心であり，イギリスからはウイスキー，アメリカはバ

ーボンウイスキー等,中国は紹興酒など蒸留酒を中心としており輸入品目には特色がある。最近特にワインブームの傾向がここに現れており,国内でも穀物,果実等を材料にしたアルコール飲料の製造が盛んになっている。果実などではブドウをはじめとして身近な果物のリンゴ・モモ・ナシ・ビワ・イチジクさらに日本独特の果物であるカキワイン等さまざまなものが材料として作られている。特に健康ブームで果実以外に花・ハーブなどを漬け込んだ果実酒,薬用酒が各家庭の中でも簡単に作られるようになった。

最近の注目は,中国からの輸入量が増えており,主に野菜や魚介類(加工品)・鶏肉・ウナギ・香辛料等であり,国内でも最近は中国野菜の栽培が増えており,スーパーなどの食品売り場にいくと今までと変わった野菜も多く出回っている。これもテレビなどマスメディアの料理番組の多さからもうなずける。最近の野菜はバイオ技術を応用したものが多く,これらの野菜は冷凍では保存できるが,自然での保存はすぐ腐敗する。自然栽培の野菜は外での保存も日保ちがよくここらに違いが出ている。食料品を購入する場合見た目で形のよいものを選択するか,形は少し悪いが自然有機栽培を選ぶかは消費者の選択である。今は温室栽培などにより野菜から季節感が感じられない野菜売場の店頭になっている。出来る限り季節にあった野菜を賞味したいものである。需要が増せば栽培量も多くなり価格も低下するが需要と供給のバランスが難しく,栽培農家にしてみれば気候や料理の流行もあり予測困難なところである。料理はマスコミの取り上げ方にも大きく影響し,日本人は熱しやすく冷めやすいようだ。どんなものでもブームがありどの程度続くのかよく考え,ブームの影響の去った後の対応も考慮しておく必要がある。今は商

品の売りこみと合わせ料理の仕方なども宣伝する必要がある。自然食品がブームでその証拠には自然健康食品や化粧品が好まれており，平成11年度の納税者トップはこの販売者で，いかに日本人が集団行動や宣伝に惑わされやすい国民であるかが現れている。特にダイエット食品などが多く，今まで見向きもされなかった東南アジアの「いも類」や「穀類」を原料にしたダイエット食品が多いが，単純にいえば栄養価が少なく炭水化物類が多い食物が選ばれている。お金を出して美食し，その結果太り，あげくのはては肥満解消するためにサプリメントといわれているものにお世話になる。何と無駄なことをやっているのか，もっと計画的な食生活をする必要がある。

　特にコンビニエンスストアやレトルト食品の発達で手軽に栄養価が高い食材が手に入るため，それで済ましていると偏った栄養摂取になったり，ペットボトルの飲み過ぎによる「ペットボトル症候群」など，また糖分のとりすぎにより，本来は大人の病気であるべき疾患に子供がなっていることが多い。例えば「若年性糖尿病」など生活習慣病と同じような病気になる子供が多くなっている。これらを考えると今の子供たちは現在の大人達と同じだけ平均寿命が延びるかは分からない。むしろ今の大人達より短命に終わる気がする。食事は毎日のことでありもっと食生活に気をつけるべきで，子供の食事は一般的には母親の責任である。

　それと外国産でコスト安のどんな農薬を使ったかよく分からない栽培方法の野菜より，産地の判明している日本の野菜を多く食することがよいと思われる。野菜の見た目を重視するよりカッコ悪くても自然栽培の野菜を食すことが健康につながる。今の野菜は人工的にバイオテクノロジーを使った季節感のない商品が売られており，

純粋に食物で季節感を感じることはほとんどない。食べ物に関しては寂しさを感じる。

3　日本経済の将来は出生率の上昇

2001年の人口動態統計で合計特殊出生率は1.33人と前年よりさらに低くなり今までの最低を記録した。旧厚生省の人口問題研究所が以前に発表した将来予測より下回っており、出生率上昇のための政策を早く打ち出す必要がある。対策を立てて実行してもその効果が出るのが早くても2年後であり、内容によってはその準備から対策の立案など若い人たちの意識を変えて行くことが必要である。それには、全国的な運動を展開することが重要であり、制度やPR活動など予算上の措置も考えるとさらに準備期間がいる。

まず出生率を上げるためには、その前提要素が必要で、男女とも「結婚」に対する「夢」意識の向上を図らなければならない。そのためには結婚に対するさまざまな条件を整える必要があり、男女の交流の場の条件整備である。それは若い人が集うことができる「まち」づくりであり、交流できる機会をデザインすることである。これには結婚に対する社会意識の醸成を図る必要がある。いまの親は娘に対しても無理に結婚する必要はないと思っており、子供も自分がおかれた現在の自由な生活を失いたくない思いも強い。さらに職業を持ち自活できる収入があればなおさらである。このことは男性の意識改革も大きく影響しており、家庭生活は男女共同生活の基礎でありお互いの協力関係がなければならない。出産そのものは肉体的にも精神的にも女性の負担が大きくその理解が男性側になければならないし、社会的にも女性が職業をもっていて地域で子育てがで

きるシステムがなければならない。いまそれがシステム化されていないため女性側に戸惑いがあり，それが大きく「結婚」に対する希望がもてなくなっている要因でもある。しかし今の若い人達が意識しておかなければならないのは，外国から多くの人が働きにきている時代であることを認識し，しっかりした職業意識をもたないと働く職場がなくなることも覚悟しておく必要がある。現状をしっかり認識し職業に対する意識改革が必要で，失業率も2002年5月には5.5％を超える時代であり現在の景気動向を見ても回復の条件はあらわれていない。まだまだ職種によっては景気の後退も有り得るし，企業の倒産などによる失業者の増加も懸念されている。

さらにこの少子化が将来の日本経済にどんな影響を与えるのか，生活関連も含め意識することが大切であり，その影響をしっかり考える必要がある。

(1) 医療関係

まず出産に伴う「産婦人科」であるが，少子化の影響で開業医は患者の確保が難しくなり，産婦人科や小児科の倒産もありうる。いま出産を請け負う「産婦人科病院」も生き残りをかけて設備の充実を図っている。最近の新しい産婦人科は入院設備など豪華で，食事も和食からフランス料理，中華料理など選択できるところが多くなった。また妻の出産入院中は夫も同宿でき病院から出勤できるところや，核家族化の現在2人目3人目を出産するときなど，上の子供は産院専属の保育園に入園できるサービスを行うなど多種多様の方法により患者の獲得に知恵を絞り，より少ない妊産婦の獲得を図ってサービス合戦を繰りひろげている。さらに重要なことは最近の若

い人たちは育った環境の変化や偏った食生活で，成長過程におけるバランスのよい食生活をしなかった人が多く体質的に不妊の人も多く，妊娠治療に多大な医療費を払い治療を受けている人もいる。しかもこの治療は長い期間を辛抱強く受けねばならないことが多いので，将来的には医療保険が適用されることが必要で生殖医療技術の進歩を望むところである。一方，十代の人の中には妊娠に対する知識と出産責任の認識不足や，一時の歓楽と性欲に走り性を安易な考え方で精神的なはけ口に使った結果，中絶手術を行うなども多くなっている。出産という生命誕生は女性でなければ味わえない感動のドラマであるが，それだけに大変なことであるが，人類のために欠かすことができない行為である。男性もこのことを十分理解し相手をいたわる精神的な教育を強く推し進めることが必要である。男性がどんなに頑張っても子供を生むことはできない。出産は女性の特権であり男性自身も女性への理解が必要である。

　子供が生まれれば次は「小児科」であり，当然患者数が少なくなれば病院の経営そのものも難しくなる。そのため今小児科医が減少しており子供が病気になったとき病院を探すのが大変で，総合病院の小児科医も少なくなり病気の場合の診療を受ける親の負担は大変である。今医者余り時代に入っているが最近医師の開業で目立つのは歯科系であり，歯科医も単なる治療でなく矯正歯科を扱う美容整形まがいの治療をすることが多くなっており，しかも長期の治療期間を要し，これは治療費が保険医療ではなく実費負担のため患者自身の多大な負担を伴う。歯科矯正は最近の食生活の変化で食べ物を咬むことが少なくなっており，顎の発達が不十分で歯並びの悪い人が多く，矯正歯科の需要患者が増加しており歯科の新分野でもある。

小児科医にとっては子供が少なければ患者も少なく生き残りをかけサービス合戦に成りかねないが，サービスでも治療面の行き過ぎでそれが医療費の値上がりになっては困る。本当に腕のよい医者として患者に納得のいく説明（インフォームドコンセント）ができる医者であってほしい。いまにベビーホテル並みのサービスをする医院が出て来る。内科小児科で学校医の指定を受けることも患者獲得の大きなメリットであり，医師会内で指定医の取り合いの問題も起こっており，医師会の運営にも影響を与えているところもある。いつまでも特権意識をもったままではおれなく医師も自助努力が必要な時代になってきた。

　一般的にかかることが多いのは「内科」である。この科目は小児科などとの併用の医院が多く一番身近な病院である。この患者には高齢者が多くいま個人医院は「老人憩いの家」化している。高齢者はいろいろな病気を併発しており，当然薬の種類も多く病院から出て来る高齢患者は薬を一袋下げて来る。これが医療費の増大にもつながっており，1999年の国民医療費は30兆円でその内老人医療費は11兆円で国民総医療費の35.6％にも達している。さらに65歳以上でみると全体の50％にも達する高齢者医療天国で，医療機関からすれば高齢者を粗末にできない環境がある。2000年度から介護保険が始まり高齢者医療の一部が介護費用に移ったことから国民医療費は減少するが，その分，介護保険施設に負担が行くだけで国民の負担は総枠では増加する。これからは家庭医療として近くの医療機関をホームドクターとしてもつことが大切である。そうすることにより自分の病歴情報を把握し，病気時にも不必要な検査を省くこともでき治療の対応が早くでき減額にもつながる。最近は食生活を

始め環境の悪化でアトピーなどのアレルギー性疾病が特に多くなっている。人の体はある程度のバクテリア（細菌）を保有していることが必要で、時には細菌同士がぶつかることにより健康のバランスが保たれてもいるのである。ところがバランスの崩壊により「花粉症」等のアレルギー疾患が増加し医薬での完治ができない体質の人が多くなったりして環境の悪化により小児疾患も増えた。この多くには母体である母親がバランスよい食生活を欠いたため胎児に十分なバランスよい栄養素が行き届いていないことが多い。乳児死亡の多い病気として「先天奇形，変形及び染色体異常・周産期発生病態・循環器系，心臓の先天奇形」等がある。なかには母体から影響を受けるものも多い。母体の不健康により障害を伴う子供も多く、以前に比較し病気の複雑化が表れている。母親の母体づくりには若いうちの特に基礎体力の大切な時期である十代が大切である。この十代をダイエットや偏食、インスタント食品の常食などですごし、正しい食生活と規則正しい生活態度ができていないことによる影響は大きい。特に生活態度の中では若いうちからのタバコの喫煙、過度の飲酒、覚醒剤（シンナー等も）の乱用、不自然な体型（痩身美容）づくり等が大きく影響している。正常でない体づくりが自分の子供の将来に大きく影響することを認識しておくことが必要である。

　個人病院では複雑な病気への対応はなかなかできない場合があり、各病気の科目との連携を図る協力態勢のシステム作りが必要になってくる。それが総合病院に対抗する一つの手段であり、総合病院にない身近かな医院として市民の信頼を得ることが個人病院の生き残りのポイントである。総合病院の患者の扱いは、物と同じように単なる金儲けの手段として扱うような非人間的な診療の仕方が多くあ

るが，個人医院はこれを排除し開業医のよさを出すことにより患者の獲得もできる。倒産する病院も少なくないが，その反面，ベッド数20床未満の診療所は増加している。2000年7月末現在で診療所数は約9万3千。1990年から年間1,000前後増えており，1999年の診療所の開業・再開は過去最高で全国で年間約4,900，廃止・休止も約4,000あった。これが病院になるとこの10年間で年間約80ずつ減少しており，1999年の病院数が9,286で一般病院の減少が続いている。いずれも1990年をピークに減少しており，一般病院から診療所に鞍替えした所が多いことがうかがえる。一方，歯科診療所は多いときには年間1,700も増加した年もあったが，この10年間の年間平均は1,100前後であり診療所の増加と比較しても多い。

　さらに医療法の改正でこの10年間を比較してみると医師数が123.3％の伸びで1998年の医師数は248,611人，歯科医師が124.8％の伸びで歯科医師数は88,061人，医薬分業により薬剤師の増加も目立っており，この10年間で143.6％の伸びを示しており薬剤師は205,953人になっている。同じように保健師・看護師法の改正もあり保健師が146.3％の伸びで34,468人，同様看護師が141.8％の伸びを示して985,821人になっている。最近は診療所を開設しても倒産しては意味がないので，診療所の開業支援をするコンサルタント会社ができた。もともとこの会社は医師に仕事先の病院を紹介する会社だったが，診療所の開業ラッシュになりそれならと開業支援に乗り出した。例えば引退する医者に若い医師を橋渡しして病院の経営を引き継ぐ開業支援をする。また埼玉県の開業医院では待ち時間を少なくすることと，患者はお客と見立ててファミリーレストラン並みのサービス精神に徹するため職員の指導をしている。もともと院

長が元ファミリーレストランの店長だったため医業もサービス業,競争が激しいため患者さんの獲得に他の医院にないサービスを目指している。いまは患者が医師を選ぶ時代であるが,当の医師にその認識がないため患者が気持ちよく診療が受けられる病院に通院する選択の時代になっている。さらに一歩進んだ方法で中部地方を中心として,患者側の一般市民と医療関係者が一緒になって市民参加型ネットワークを結成し,新しい医療の方向性を探るため「統合医療利用者ネットワーク」を発足させた。これは医療ミス等現代医療への信頼が落ちている中,西洋医療と東洋医療など幅広い医療を一つにする取り組みである。現在は西洋医療が主流であるが,中国等で発達した東洋医学,民間療法などを組み合わせた東西の治療法を統合した新しい医学観に立ち,人の「自然治癒力」を向上させ心身共に癒す考え方である。西洋医学以外の医療を一般的に「代替医療」と呼んでいるが,「はり・きゅう・食事療法・運動療法・音楽療法・心理療法」などがあり,これらは科学的な検証が十分でないところがある。しかし手術や薬,科学療法に偏りすぎた西洋医学への反省から,昔からの伝統医学や代替医療の長所に目をむけ,東西融合の"バランス医療"を目指す機運が高まってきた。米国では1992年,国立保健研究所に「代替医療研究所」を設置し国が研究を後押しし,大学でも研究の輪が広がり,ワシントンには統合医療大学がある。ようやく日本でも1998年,岐阜大学医学部に「東洋医学」の名称をつけた講座が開設された。さらには高齢者社会を反映して医師・看護師・薬剤師・理学療法士・作業療法士・言語聴覚士・臨床心理士・栄養士・ケースワーカー等がチームを組んで治療だけでなくリハビリテーションから退院後に向けた生活指導まで情

報を共有し，組織的に取り組む「チーム医療」を国立療養所中部病院が「高齢者包括医療」のモデルとして取り組んでいる。これは医療と福祉のドッキングで，今までのように医療と福祉をまったく別々のものとして扱うのではなく，継続的に患者を監視していくことにより再入院を減少させることを目指している。今，医療界も医学知識だけでなく企業経営の能力が必要な時代に来ている。

(2) ベビー家具・遊具・玩具関係

　少子化を迎え子供相手の商品は，販売数の減少が懸念されている。そこで業界の勝負どころはアイデアと品物のよさ，それに流行やブランド品に敏感に対応する母親の意識を利用し，人の心をくすぐる宣伝の仕方が勝負どころである。今は少子化時代であり一人の子供に対して「6ポケット」といわれる時代である。子供の購買に対しお金の出どころの多さを表している。6とは，両親2人にそれぞれの祖父母が4人の計6人が一人の子供に関係することを表している。ベビー用品に関する本も多く発行されており情報も氾濫している。今の親は他人の行動には反応も早く，金を出すのは親の両親（祖父母）が多く，価格の高さにはこだわりを持たない親も多い。さらに他人に対する「見栄」もあり高い物への執着をもっている。ベビー家具など長く使える必要性はなく子供の成長に合わせ買い替えていくことが必要で，住宅の広さの関係もあり不必要な物をしまう場所もなく廃棄する以外にない。不用品の交換も軌道に乗っていないためすてる以外になく，粗大ゴミの収集日には使用可能の家具が多く出されている現状をみるとこれでいいのか，少ない資源の日本の行為として反省させられる。さらに売らんがために目先を変えたアイ

デア商品も多くなっている。品揃えの流行も激しく目先を変えて販売にやっきになっている。遊具，玩具関係も同様，マスメディアを利用した宣伝と，若い母親の好奇心をくすぐる商品販売で購買力をそそる。特に玩具などはハイテクを利用した親の心理をくすぐる商品開発で購買力を高めており，アイデアのない商品販売は衰退する以外にない。物が多すぎ，子供も目移りして物を大切にする心や落ち着きのない性格ができあがっている。

今の子供は専用の個室に専用のベッド，机，タンス，少し大きくなれば自転車，マウンテンバイク，ゲーム機にゲームソフト，中学生になれば専用の携帯電話，テレビ，中にはパソコンまで占有する時代である。ハイテク製品のモデルチェンジも早く，売れるための企業努力が進められている，最近はパソコンも飽和状態になりIT関連産業も販売の伸び悩みで，2001年8月には大手家電メーカーの東芝，松下，富士通など軒並みに人員削減により企業努力の成果を期待しているが，はたして人件費を押さえただけで企業の経営向上が期待できるか今後の成果を見守っている。今のパソコンやゲームソフトも中国で類似品の製造が盛んで，日本企業の製品より安く平気で外国に輸出している。パソコンだけでなく，あらゆる物の類似品の製造を行っている。中国人の気質として，売れるためには外国のデザインを平気で勝手に使用するのを悪いと思わず，堂々と真似て他人のことはかまわず自分がよければ由とする考え方がある。中国との取引を考える場合は将来を踏まえ十分に心して付き合うことが必要である。中国だけでなく外国との取引はその国の国民性を把握することも大切なことである。スーパーの販売市場はおもちゃを始め衣料品から食料品など製造している国の表示はMADE IN

CHINA 品が多く，日本で製造するより人件費が安く輸入関税がかかっても国内製品より安い価格で販売できるからである。以前は粗製品が多かったが今は中国も技術が進歩し国内生産とほぼ同等な製品が作れるようになっている。一時は日本企業が技術指導を行い海外生産を行っていたが，中国が国営企業制度から脱却し競争原理を導入し民営化を取り出してから品質も格段に進歩した。やはり競争心とそれが自分の利益に結び付くことが必要なのである。ただ中国は売れて金が入れば良く企業倫理が乏しいため外国のブランド品を平気で真似て外国にも輸出しており，いま多くの外国製品がこのコピー商品の氾濫で頭を痛めている。この知的財産権侵害問題を解決するには権利者自身が積極的に取り組む必要があり，日本企業も外国投資をする際はこのことを十分認識する必要がある。さらに中国マフィアは物を作るより直接「金券」を作った方がよいということで，外国の偽札づくりの組織的犯罪を起こしているので国の社会秩序の確立が急がれる。

(3) 衣服装関係

服装関係も多くの情報誌が発行されており親の目は肥えている。テレビアニメの流行によりそのキャラクター商品が多く出回り，それが宣伝により購買力をそそる。子供服などはすぐ小さくなってしまうので友人や不用品の交換制度を利用するとよいが，そうすると新商品販売力の低下になり販売側としては困るためなかなかシステム化できない。商品の流通促進を図るためには常に目新しさを消費者に与えることが必要で，短いサイクルでの商品開発をしなければならなく，マスコミを利用し宣伝に努めることが販売の勝負どころ

になる。今の母親は自分で子供の洋服をつくる人は少ない。社会の変化が早く家庭生活にも時間的な余裕をもてず，また，精神的にもゆとりがなく手頃な販売品で済ます人が多い。今の服はデザイン的にも優れており商品数も多く選択の幅があり金さえ出せば好きなものが買える時代で，服装も子供とのペアルックで紹介し購買意欲をそそっている。特に記念の「祝い」着などは金をかけているが，これは一度使えば後はほとんど必要なくタンスの奥にしまうだけになっている。その多くは祖父母が購入しており，お互いが見栄の張り合いで無駄なものの一つである。また他人が着てカッコ良ければ自分の子供にも着せたがり，個性のない服装の子供ができあがる。もっと自己主張してもよいと思うが親にそれだけの思考がたりないためできない。子供のときから個性を生かした子供服などにより子供の創造力を駆り立てるような環境づくりをすることも大切で，日頃の生活の中から能力の育成を図ることもできる。最近は忙しい人が多いため通信販売を利用する人が多く，大手の通信販売の売上は大手の百貨店並みで今や物販のトップに躍り出る勢いであり，このカタログは見るだけでも種類の多さに驚く。今は自宅に居ながら楽しい買い物ができる時代である。IT機器を利用しパソコンのインターネットで外国の物も簡単に商品購入ができ，居ながらにして世界の商品が手に入る時代である。一方，便利さは注意をしないと危険もあり落とし穴にはまらないように気をつけることが必要である。外国からの通信販売の問題点として，関税や商品代金の支払いのトラブル，違送品やイメージ商品との違い等の商品トラブルも多くある。また中には外国では許可されていても日本では許可されないドラッグまで販売しており，注意をしないと犯罪行為に陥ることがあ

る。さらに通信販売に対し規制チェックの確立がしっかりしてないことがあり,外国の無修正のピンクビデオなども購入でき,不正輸入を側面的に援助していることにもなりかねない。安易な通信販売の利用も注意することが必要である。

しかし外国商品の通信販売もやってみると結構楽しく,デザイン等日本にない商品もあり子供服も他人と違った個性ある服装ができ,少ししゃれ気味の母親などは子供と共に楽しんでいる人も多く,これからも利用者は増加するであろう。2000年の繊維製品の輸入は中国がトップで輸入総額24,533,601千ドルの内68.1％の16,702,889千ドルで年々増加している。

このうちの7割以上が「絹物・織物・繊維2次製品・衣類・外衣類・男女用洋服・下着類・ニット,セーター類」で,日本人の一般的な衣類の7割以上を中国から輸入しており,中国からの輸入がストップしたら日本人の着るものが無くなるし,下着類を含めた普段着の価格が5割以上高くなるともいわれている。今の中国製品の縫製技術は国内産とほぼ同じくらいの技術をもっており,特にカジュアル衣料販売のユニクロはその多くの製品を中国内で製造している。生地や染色から縫製技術まで現地の人に技術指導をしており製品検査もしっかり行っている。ユニクロの衣類は若い人を中心としたファミリー層向けで種類も多く販売の仕方もマネキンに着せて見せるのではなく,種類毎に重ね置きし消費者の選択しやすい展示販売で,百

表19　国別輸入国

(百万円：構成比)

中　　　国	1,580,480	74.7％
イ タ リ ア	104,647	4.9％
韓　　　国	102,364	4.8％
ヴェトナム	63,939	3.0％
米　　　国	50,298	2.4％

出所）通商産業省『通商白書』より

第6章　考えよう今後の日本経済　*187*

貨店を始め売上が低下している衣類販売業界の中では唯一売上を伸ばしており,スーパーや百貨店がユニクロの展示販売方法を似せて販売している位である。しかし流動化の激しい経済社会はユニクロにも及び,近年は売上が伸び悩んでいる。今後も製造原価をいかに低く押さえるかが生き残りの要素である。

(4) 就学関係

少子化の影響をもろに受けるのは,幼稚園・保育園を始めとして学校関係の予備校や各種学校,学習塾などである。子供を対象とした関連産業は対象の子供が少ないため運営ができないところも出てくる。この中で生き残るためには自校の特色を出し,生徒の将来を見越した能力の養成を図る内容にしないと子どもの確保は難しい。国も平成14年度から完全学校週5日間制がスタートしそれに合わせ,義務教育課程の学習指導要領を改正し「総合的な学習の時間」として「生きる力」をはぐくむというのがうたい文句である。この総合学習は知識の修得が直接の目的ではなく,「自分の頭で考える」力を養うことを目指している。しかしこの指導要領も「知識」の目標を示しておらず教科書もないため,知識を確かめる方法がなくテストもない。通知表は5段階評価でなく観点別に文章で記載する方法で先生の主観も入り,どう記載するか先生にも戸惑いがある。この「総合」は教科の枠を超えて自分で課題を見つけ,学び,考える力や問題解決能力を育てるのがねらいである。このテーマとして,(1)国際理解,情報,環境,福祉・健康などの課題,(2)児童の興味,関心に基づく課題,(3)地域や学校の特色に応じた課題が提示されているが,内容や時間割りなどは各学校で決めてよく,教

表20 新学習指導要領（2002年度適用）による年間標準授業時間数（下段は現行）

	国語	社会	算数	理科	生活	音楽	図画工作	家庭	体育	道徳	特別活動	総合学習	計
1年	272		114		102	68	68		90	34	34		782
	306		136		102	68	68		102	34	34		850
2	280		155		105	70	70		90	35	35		840
	315		175		105	70	70		105	35	35		910
3	235	70	150	70		60	60		90	35	35	105	910
	280	105	175	105		70	70		105	35	35	－	980
4	235	85	150	90		60	60		90	35	35	105	945
	280	105	175	105		70	70		105	35	70	－	1015
5	180	90	150	95		50	50	60	90	35	35	110	945
	210	105	175	105		70	70	70	105	35	70	－	1015
6	175	100	150	95		50	50	55	90	35	35	110	945
	210	105	175	105		70	70	70	105	35	70	－	1015
計	1377	345	869	350	207	358	358	115	540	209	209	430	5367
	1601	420	1011	420	207	418	418	140	627	209	314	－	5785

師の創意工夫にまかされている。自然体験や社会体験，地域との連携や調査，実験，討論，発表など体験的な学習への期待もあるが，保護者が一番心配しているのが基本教科の授業時間減少に伴う基礎学力の低下である。改定後は中学3年間で授業時間が約320

	国語	数学	理科	社会	総合学習
中1	140	105	105	105	70〜100
	175	105	105	140	－
中2	105	105	105	105	70〜105
	140	140	105	140	－
中3	105	105	80	85	70〜130
	140	140	140	105	－
計	350	315	290	295	210〜335
	455	385	350	385	

出所）文部科学省2001年発表による

時間の減少である。さらに私立中学と比較すると3年間で530時間以上の差ができると想定される。では何のために5日制にするか、この理由を文部科学省では「子供達には土曜日や日曜日を利用して、家庭や地域社会で有意義ないろいろな活動や体験をしてほしい」としているが、本当に有意義な使い方ができるのだろうか。また、「この学習指導要領の内容は必要最低限であり、できる子はどんどん先に進んでいい」といっているが、これではできない者はどんどん置いて行かれてしまい、落ちこぼれの子供を作ることになる可能性がある。公立校の大きな役割は、「質の高い教育を安い授業料で提供することによって、親の学歴や収入に関係なく教育の機会均等を保証することにある」。この社会的なセーフティネットとしての役割が担えなくなってしまう。今度の改定で授業時間が減少するのに伴い保護者には学力低下を懸念する人も多く、私立中学校への人気が高まっている。

東京都内の公立学校の教員をしている人も自分の小学校5年生の子供は公立でなく私立中学校にぜひ入れたいといって中学受験の塾に通わせている。公立中学に進学させたくない理由として「2002年度から全面実施される新学習指導要領で、基礎的な学習内容を3割削減される内容では教育は成り立たない」と教師自身から改正学習指導要領に不安感を感じているからである。さらに選択肢として「生徒の雰囲気や挨拶の仕方、トイレや校舎をきれいに使っているということ。いじめにもきちんと対応してくれているかどうか」である。それに「今まできちんとしていた中学も、校長や教頭が異動すると急に荒れだす学校があり、この学校なら安心という確信がもてないし、それならずっと同じ先生の可能性がある私立学校の方が

安心」と荒れる学校を心配している人も多い。私立学校の良いところは自校の評判は死活問題につながるため，学校自身が評判を落とさないよう努力していることである。「生徒のいじめにはすぐ対処，公立校ではできないが不良教師は即退職処置，特色を持たせた教育の実施」であり，私立校は生徒獲得のため努力している。当然対象の子供の数は少子化のため減少しており私立校の生徒が増加すれば公立校の生徒は減少する。そのため公立校は空き教室が出ており，この現象は既に高校まで進んでいる。公立校といえども整理統合が進み，この空き教室を利用し特色を出している学校もあり，空き教室の利用アイデアが学校を生かすことにもなる。この利用例としていじめに対する不登校児童対策にこの教室を使っている学校もあり，いわゆる教室に入れない児童の学校での過ごす場所として利用している。学校の宣伝も入学時期だけでなく年間を通じて「開かれた学校」として自校の特色を訴えている。ただ問題は生徒を確保したいばかりに，生徒を甘やかす結果になってしまわないように配慮することも大切である。甘やかされた子供は今の社会に通用しないし，そのことも社会がしっかり考える必要がある。

　それでは保護者が心配している学力低下をどこで補うかである。出版社は「学力低下への懸念をぬぐうのは副教材の役割」としては新たなビジネスの編集に知恵を絞っている。家庭向けの月刊宅配教材や市販の学習参考書を販売している学習研究社では教科書の内容を押さえたうえで，宅配，市販ともに新指導要領で削られた内容の大半を欄外や別枠に盛り込む方針である，例えば小学校の算数では台形の面積を求める公式なども載せ副教材作りをする。他の出版社でも現場教師からも「教科書で削られる部分も盛り込んだ教材がほ

しい」と要求がでている。さらに上記の出版社で発行している「ワークブック」の教材を大きく2つに分け，発展型は学校の成績が5段階評価で「5・4」の成績の生徒，補充型は「2・1」の生徒を対象につくるとしている。これらは子供の習熟度に合わせ選択できる教材を作るなど，どの出版社も発展学習に照準を絞った学習教材の出版を考えている。学校の授業は基礎学習が中心でこれを補完する意味で発展学習を中心とした教材づくりをしている。今大学でも基礎学力で当然理解している程度の数学問題でも分からない大学生が多く，大学で基礎内容を補習しなければいけない状態のところも出ている。科目によっては能力不足が影響する選択学部もある。例えば経済学部の授業で困るのは数学のできない学生で，医学部では理科系の生物を理解していないと困る。当然大学も受験対象者が減少し学生の確保対策に工夫をこらしており，なかには合格条件を緩和している大学もある。まず私学経営では入学試験の受験料収入が大きな財源収入であり，受験生が多く来てくれることが第一である。ちなみに早稲田大学は2000年度の受験料収入が17億5千万円であった。さらに大学の有名度によっても応募者の数は違い，その条件はよい就職先があるかないかでも違いがある。そのため少しでも優秀な学生を確保するために入学専門の担当の設置である。慶応大学はアメリカの大学が行っている入試方法を取り入れた。これは一発勝負の学科試験でなく調査書と面接でじっくり受験生を観察し選抜する方法で，担当者が高校まででかけ宣伝している。少子化で若い受験者が少なければ，社会人を論文や面接で積極的に受け入れたり，自校のキャンパスでなく社会人向けに都心のビルを借りて大学の講義を行ない，夜間の特別コースを設定したり，新設大学や学部では

「国際・情報・環境」などの名前が入った大学や学部が多くなった。さらに企業側が求める条件として即戦力を要求しており，無目的に大学生活を過ごした生徒より各種学校で実務資格を取った人を求めており，本人が学生のときにどんな資格に挑戦したかで本人の意欲を判断条件にしているところもある。「大学4年間は勉強以外になにもやりませんでした」では企業側の必要な人材としては不適格になる。学校経営もこれから淘汰される時代になってきた。

(5) レジャー施設

　特に子供を中心としたレジャー施設は，対象の子供が少なくなることにより入園者も減少する。これらの施設で若者は別として大人の入園者は子供に引っ張られついてくる家族が多く，その子供が減少することにより全体の入園者も減少する。家族入園者の平均的家族を想定した場合，両親に子供2人の4人家族が考えられるが，子供がいなければ大人2人の入園もなく4人が0人になることになる。レジャー施設の飾りや見世物も誰を対象にするか客層を考えたものにしないとレジャー産業も衰退する。ディズニーランドなどは年齢層として幼児から成年層や若い家族を対象として，どんなところに特色を出し客の呼び込みをするかを考えている。しかもお客様サービスが徹底しており，気持ち良く夢を与えて，リピーター客として再び来園していただくことをねらいにして変化させている。各地も最近は花をテーマにガーデニングブームを反映して緑花木を生かしたテーマパークが多い。このテーマパークでの問題点は花にも流行があり，しかも自然が相手なだけにいかに特色を生かした花飾りをするかがポイントで，栽培する花の収集でほかの公園にない特色が

なければならない。ただしこれも一過性のブームの気がする。これも花だけでなく他の要素を加えた公園づくりが必要である。テーマパークは若い家族を対象にするのかシルバーエイジを対象にするのか，さらにはそれらをミックスした入園者をターゲットにするのか，時代の読みを間違えると閑古鳥が鳴く公園になってしまう。今多くの公園がこの悩みを抱えている。その他テーマパークの題材は自然を生かした海・山・地底や動物（動物園）・魚介類（水族館）・人気映画（映画スターや漫画のキャラクター，セット技術を主役にしたもの）・戦国（日本，外国）をテーマとしたもの・外国の街・未来世界（宇宙）・航空機・産業の進歩の過程（地域の特色産業，例えば工芸品等）・楽器・おもちゃ博物館・人気アニメをテーマ・花・果物（フルーツ）・食べ物などいろいろ考えられる。最近は館内に最新のハイテク技術を利用したゲーム感覚や目で楽しむジオラマ装置，つまり見て，触って，考える参加型アミューズメント施設が多くなっている。テーマパークのもう一つの特色は地域活性化の切り札として考えられているが，入園者は長続きせず，活性化とは程遠い。これは余りにも各地に出来過ぎて目新しさがなくなったせいでもある。さらに地元は経済効果と雇用の発生を期待し誘致しているが成功している例は少ない。確かにテーマパークが当たれば街の活性化は期待できるが，まずは初期投資が必要である。その後は運営による来場者の消費効果，入場料，飲食，物産販売，宿泊費・交通関係費などの経済効果とそれに伴う税収である。さらには地域の雇用機会の拡大，多くの人が訪れることによる街の活性化が図られ，地域の知名度として当然イメージアップ効果はある。今アメリカをはじめ最も人気があるのは映画のテーマパークである。アメリカの例ではいま

だに魅力あるテーマパークの代表はディズニーランドであり，ユニバーサル映画のスタントショーを中心とした「ウォーターワールド」，フロリダ州の「ディズニーワールド」等日本人でも多くの人が知っているテーマパークは人気がある。しかし最近アメリカでも以前と違った形の娯楽施設づくりが始まった。それはアメリカネバダ州のラスベガスである。ここはホテルをテーマとして一大娯楽施設づくりをしており，若者の人気スポットの一つで日本旅行者の多くもここを訪れている。これらの施設は入場料を始め各イベントやゲームへの参加費用がかかる。確かに設備に資金がかかっておりこの回収のため，おのずから入場料は高くなる。

◆ **東京ディズニーランド**　それでは建設費はどの程度かディズニーランドの例を見てみる。建設開業投資1,500億円，収入面で会場内消費500億円，会場外消費2,545億円と推計した。

東京ディズニーランドを経営するオリエンタルランド社の内容であるが，1997年3月期の資本金632億100万円，売上高は1,809億6,500万円，経常利益281億3,400万円。売上のうち入場料やアトラクション等に関わる収入が約805億円・商品販売収入約677億円・飲食部門収入322億円。この中で物販が伸びており人気商品の第1位が「菓子類」，以下次の通り。

表21　人気グッズトップ5

菓子類	26,808千個
文房具類	11,398千個
スーベニア（土産）	9,345千個
テーブル＆キッチン用品	4,059千個
繊維製品類	2,961千枚

表22　人気フードトップ5

ピザ	5,119千枚
チュロス	4,564千本
アイスクリーム	4,535千個
ハンバーガー	4,172千個
ポップコーン	4,115千個

出所）『日経テーマパーク年鑑95〜96』日経BP社

一方，売上等で本家のディズニープロダクションの取り分には入園料の10％，お土産などは5％のロイヤルティーフィー（特許使用料）を支払う。本社から派遣されている従業員の賃金は当然派遣社員に支払われるが，本社にとっては社員不在の損失分としてアブセンスフィー（不在補填料）の負担を負わせている。このディズニーランドは参加企業として販売店やスポンサー導入制度を設け，これを無視することはできない。参加企業が得るのは，園内でほぼ独占的に売れる自社製品の売上と，東京ディズニーランドの名称，シンボル，風景を使っての広告宣伝権である。スポンサー契約は5年から10年，1施設15億円から25億円，10年契約でも年当たり1億円を超す。例えば日本コカ・コーラ（株）はアトラクションではスペース・マウンテン，食堂でリフレッシュメントコーナーやトゥモローランド・テラスに参加。ではこの参加によってどの程度利益が上昇したかであるが，ディズニー効果は大きく明治乳業がディズニーのキャラクターで売り出したアイスクリームはオープン当時の83年で30億円を売上げ大ヒット，これまで首位だった雪印乳業を追い越した。プリマハムは「皮なしウインナー・ノビッコ」をミッキーマウスのキャラクターを使って「ディズニー・ノビッコ」に装いを変えたところ大ヒットでそれ以前の50％増の30億円売れた。ここに加盟している異業種同士が結び付き商品販売を行うところが出て来た。例えば，ユーハイムのパイとプリマハムのソーセージがドッキングしてパイ風の「フランク・パイ」で好評なため外部でも販売することになり，さらにデルモンテのトマトケチャップとハウス食品のマスタードの小袋がついている。これは4社が協力したここでしかできない組み合わせである。さらに自分のアトラクション施

設近くにサロンを設け，このVIP室を接待に活用している。利用の仕方はある程度説明して，後は自由に見学していただければよく，ここでの招待客は自由にしておくため世話をする人はいらない。むしろ家族連れの接待に使えなかなか好評を博している。

さらにお客に2度，3度来ていただくために，目新しさを加えるためのアトラクションを増やしたり，老朽化した施設の改装などで常に新鮮さを与えている。

表23 東京ディズニーランドの主なアトラクション・イベント

83年 4月	東京ディズニーランド グランドオープニング
85年 3月	「TDLエレクリカル・パレード」開始
87年 7月	「ビッグサンダー・マウンテン」開業
88年 4月	「ディズニー・クラシックス・オン・パレード」開始
89年 7月	「スター・ツアーズ」開業 （投資額145億円）
91年 4月	「ディズニー・パーティグラパレード」開始
92年10月	「スプラッシュ・マウンテン」開業 （投資額285億円）
93年 4月	「ディズニー・ファンタジー・オン・パレード」開始
95年 7月	夜間パレード「ファンティリュージョン」開始 （構築費30億円）
97年 4月	「ミクロアドベンチャー」開業 （投資額28億円）

出所）表22に同じ

東京ディズニーランドの開業当初のアトラクションは35で，アメリカ・ディズニーランドは60種のアトラクションがある。年々新規のアトラクションを追加オープンしており，まだまだ東京の場合は増やすことはできるので当面はアトラクションに困ることはない。ここでのお客様の接待は徹底したお客様扱いで，そのため来園者は気持よく満足して帰ることができる。スタッフの掃除係一つにしても客に迷惑をかけることなくさりげなく掃除をする姿勢を取っ

ている。当然,制服もデザイン化したもので施設に違和感がなく周囲との調和を十分考えた配慮がされている。その他一過性の博覧会の収支を見てみると,イベントの生産・経済誘発効果は大きいものがある。

大阪万博は総事業費1兆円,期間中の消費3,500億円の直接需要に対して,誘発需要は2兆円弱で合計3兆3,000億円の経済効果の創出といわれている。

ポートピアは建設費640億円,関連事業投資1,550億円,入場者消費など直接需要が4,880億円,これに対し誘発効果は約2兆円とみられている。

表24 国内の主な博覧会

	大阪万博（1970年）	ポートピア（1981年）
会場建設費	2,000億円	640億円
関連事業投資	8,000 〃	1,550 〃
期間中消費支出	3,500 〃	2,700 〃
投資・消費総額	13,500 〃	4,880 〃
入場者関係	20,500人	27,000人
生産誘発効果	33,000	20,000

出所）表22に同じ

東京ディズニーランドではどの程度の経済効果がでているか同様に推計してみると,当初は1兆8,000億円,それが翌年以降は建設費が抜けるので,1兆円以上の消費経済効果の創出がみられる。しかし地元浦安市の自治体はどうかというと,年間の固定資産税が15億円,雇用もオリエンタルランドの正社員の2,077人の内,浦安市民が312人,パート・アルバイトは3,946人中405人とそんなに多くないが雇用の創出がされている。地元商店街の売上は以前に比較

し30％，食堂・喫茶店などは40〜50％増と特に日本的な味の店がにぎわっている。ディズニーランド内ではファーストフードの店が多く，1日の見学でアメリカ的な味に飽きてしまったためかもしれない。それ以外に影響が大きいのは浦安市のイメージアップである。さびれた漁業の街から東京ディズニーランドのある街として活気がでてきた。昭和44年人口2万人が今は約13万人，都市型の大型ホテルが次々とでき新宿副都心並みのホテル街で明るいイメージに変わってきた。この増えた住民のほとんどは東京に通勤するサラリーマンであり，住民の平均年齢が全国一若いといわれている。さらに2001年9月には海をテーマに「東京ディズニーシー」がオープンし浦安市は注目されているが，これは既に5年前には構想計画が出された。海にまつわる伝説や物語にある冒険，ロマン，魅惑的な港，果敢な航海をフィーチャーしたアトラクション，テーマに合わせた食事，ユニークショッピング，パークと一体となった豪華ホテルで優雅な体験の提供。パークはエキゾチックな港，神秘的な火山からのディズニーマジックにあふれた世界，ニューヨークのウォーターフロントやリトルマーメイドの世界等バラエティに富んだテーマエリアで構成されている。この総投資額は約3,500億円。

　現在これに対抗するテーマパークとして大阪に2001年オープンした「ユニバーサル・スタジオ・ジャパン」があるが，面積は東京ディズニーランドの約半分で真のライバルにはなりきれない。総事業費は約1,700億円，出資会社はアメリカの映画娯楽産業大手MCAの100％子会社，ユニバーサル・スタジオ・エンターテインメント・ジャパン・インベストメントや英国の娯楽産業大手，ランク・オーガニゼーションなどで大阪市の出資比率が25％。このテーマ

のメインはアメリカのユニバーサル映画で、ここのコンセプトは大阪市を中心とする集客・観光都市構想の推進、都市型リゾートへの脱皮で、「集客都市」としてテーマパーク以外に国際的なイベント・会議などを計画し"内外から旅行客やビジネスマン等も呼び込む都市"としている。この運営に当たるのがUSJ（ユニバーサル・スタジオ・ジャパン）で、この社長には元大阪市市長室長でありTDLと違うのは行政が主体となって観光客誘致を積極的に行う行政主導型である。副社長はUS社から迎え、イギリスのランク・グループからも役員を迎えている。この主要なアトラクションは当然映画を中心としたものであり19施設を設置。その主な内容は、ジュラシックパーク・ランド（ボートライド型アトラクション）、バック・トゥーザ・フューチャー・ランド（大型ドーム内シミュレーター型アトラクション）、E.T（吊り下げ式大型ライド型アトラクション）、大地震（振動式ライド型アトラクション）、ジョーズ（ボートライド型アトラクション）、ハンナバーバラ（シミュレーター型アトラクション）、ターミネーター2（ライド型アトラクション）、バック・ドラフト（シアター型シミュレーション・アトラクション）、ウォーターワールド（ライブ・スタント・ショー）で映画のアトラクションを中心とした火炎操作技術やハイテク特殊技術が駆使され、映画の世界、撮影現場に居合わせる臨場感を感じるようになっている。

交通面は94年に関西国際空港が開港しこの半径1,500キロ圏にはソウル、釜山、上海、大連など韓国、中国の主要都市を含んでいる。ただこれらの都市は日本の物価高が影響し、自分の日常生活を圧迫し観光だから一度は行くが2度3度としてのリピーター客は望めない。一見の客だけでなくそこに同じ人を何度も足を運ばせるのがテ

ーマーパークの主眼であるがこれには無理があった。

本家のアメリカでは2大テーマパークが新しいテーマパークを既に構築しており,アメリカユニバーサル・スタジオズ社が「ユニバーサル・アイランド・オブ・アドベンチャー」を3,120億円で開業,ウォルト・ディズニーがフロリダ「ディズニー・ワールド」内に4番目のテーマパークとして野生動物をテーマに「ワイルド・アニマル・キングダム」を26億ドルで建設。

アメリカのテーマパークはあらゆる面で日本より進んでおり,これを分析することにより日本のテーマパークの将来を占うことができる。

表25　世界のテーマパーク系列内容

テーマパークの名称	年間入場者数（万人）	同シェア（%）	会社名	業種（テーマパーク以外）	映画配給
ディズニーランド,ディズニー・ワールド	6400	28.7	ディズニー	映画・商品販売	ブエナビスタ
シックスフラックス・パークス,マジックマウンテン,グレイトアメリカ等	1760	7.9	タイム・ワーナー	出版,映画,音楽,CATV	ワーナー・ブラザーズ
パラマウントパークス,キングス・アイランド,カナダ・ワンダーランド等	1105	5.0	パラマウント	映画	
ユニバーサルスタジオ	1230	5.5	MCA	映画	ユニバーサル
シーワールド	830	3.8	アンハイザー・ブッシュ	ビール	−
ブッシュガーデン	600	2.7	同上	同上	−

出所）表22に同じ

この中で上位4社は全て映画会社でテーマパーク運営の大手であ

表26 米国テーマパーク年間入場客数でみた上位

テーマパークの名称	所在地	年間入場者数（万人）
ディズニーランド	カリフォルニア	1,500万人
マジック・キングダム	フロリダ	1,380
エプコット・センター	フロリダ	1,123
ディズニーMGM・スタジオズ	フロリダ	997
ユニバーサル・スタジオズ・フロリダ	フロリダ	840
ユニバーサル・スタジオズ・ハリウッド	カリフォルニア	540

出所）表22に同じ

る。この背景を見ると映画とテーマパークとは密接な関係にあり，映画の作り出したキャラクターを活用しており，「映画づくりのために蓄積されたノウハウ」を生かしている。

　いまアメリカにある400カ所のテーマパークの総入場者数は2億7,000万人。現在のユニバーサル・スタジオズ社はかつてはMCA社で1989年67億ドルという巨費で松下電器産業が買収したが，経営方針の違いで松下サイドがMCA社経営から撤退し不調に終わった。その後ユニバーサル・スタジオズと改名しその動向は目を見張るものがあった。映画部門でのヒットが続きこれらの映画ストーリー，キャラクターをテーマパークのアトラクションに持ち込むことでテーマパークを成功させている。多分この映画会社を日本の企業が買収しそのまま日本企業の経営方針でいれば成功はしなかったと思われる。それほど映画産業等を含め娯楽面のアイデアはアメリカ人ならではの内容で，人を楽しませることにかけてはさすがと感心する。

◆　**ラスベガス**　　街全体をテーマパークに見立てているのがアメリカのラスベガスである。かつてはギャンブルの街としてのイメージが強かったが，今は「ファミリーで楽しむエンターテインメン

ト・シティ」として家族で楽しめる街に変化した。この中で最新のエンターテインメント・ホテルといわれるのが「ニューヨーク・ニューヨーク」である。メインストリートに1997年1月自由の女神が登場し，その背後にエンパイアステートビル，クライスラービルなど12のタワービルが実物の3分の1のスケールで，さらにブルックリン・ブリッジ（高さ15M・長さ90M）のレプリカも設置されており，見事なニューヨークの街並みが再現されている。ホテルは47階建ての2,035室で，MGMグランドが5,500室と部屋数では少ないが，ホテル内にニューヨークの名所を模した各種施設と演出が施されており，ホテル自身が都市をテーマとしたテーマパークとなっている。この投資額は総額4億6,000万ドル（日本円で約530億円）で一つのホテルとしては莫大な費用をかけている。かつてはカジノを中心とした観光地から家族で楽しめる場所としてイメージチェンジできたことが大きい。この大きな特徴として「客はそこでしか得られない何かを期待できる創造性」がイメージできるからである。ホテル内にライド型のアトラクションを付加するテーマパーク化で，施設内を劇場型のアトラクションで楽しめるよう設定し，そのためにホテル敷地が巨大化している。そのためMGMグランドにはホテルをチェックインした後はホテル内で「ギャンブル，飲食，ショッピング，テーマパーク観光，ショー見物」が楽しめホテルを出発するまで一歩も出る必要がない趣向がこらされている。これらを「集約型テーマパーク」としており，それに対しディズニーランドは「拡散型テーマパーク」と呼んでいる。日本で集約型テーマパークを作った場合の発展性は難しいと思う。日本人の性格からして一カ所に留まる性格でなく，一度は利用してもリピーターとしては難し

い。いろいろな所を見たいやじ馬的な性格で，旅行は休養でなく話題づくりのための興味で旅行する人が多く，西欧の人達と旅行に対する意識の違いがある。

　レジャーは遊びであり「自由な選択」「心の解放」「明るい環境」「楽しい気分」「時間の余裕」として「明日への英気」につながり次の頑張りへのステップであった。以前は「働き」と対比され「浪費，怠惰・失業・無駄」と暗いイメージだった。

　サービス産業の担い手と受け手はいま3S集団といわれ，職場進出が目覚ましい「スーパーウーマン」，40歳代半ばの「スニーカーミドル」（Tシャツ，Gパン，スニーカーを好む中年），結婚だけを生きがいと考えない「シングル」のことである。

□　スーパーウーマン

　最近は主婦の進出が顕著で，既婚女性の労働力は50％。女性の働く理由の第1は自分自身のため，第2は生活費の補填や生活のレベルアップのためである。貯金は8割以上が自分名義であり，ローンやクレジットの利用も増えている。自分自身の欲求のため高額商品の購入や，教養，娯楽，レジャーへの支出も多い。

□　スニーカーミドル

　昭和22～24,5年生まれの「団塊の世代」は年間260～270万人生まれ，今の120万人前後と比較すると倍以上の出産人員である。この年代の人達は「青空教室」や「二部授業」，続いて「受験地獄」や「狭き門」を経験し，「フォーク世代」「グループサウンズ世代」「学生運動の全共闘世代」といわれて，今のアルバイトに終始するアルバイト学生と違い青春を自己の意識の責任で行動し仕事に情熱を注いだ人達であり，その人達の後半以降に生まれ人の格好がGパ

ン，Ｔシャツ，スニーカーで中年になったいまも抵抗感なくそんな服装で過ごしている。自分なりの価値観をもち，外食や，ドライブなど家族と一緒に生活を楽しみ，ニューファミリー世代のはしりである。彼らの家庭は消費の一大市場と期待されたが当時は金がなく期待に答えることがなかった。いまは消費市場全体の約９％を占める年代層である（三和銀行「団塊の世代ーその市場創造力」）。

□　シングル

結婚できる年齢になりながら未婚，または離婚・死別によって再び独身になった人で，以前は一人暮らしというと何か事情がありそうで，時には気の毒な人というイメージがあった。

いまはウーマンパワーや女の自立という時代の流れもあり「シングル」と横文字化されかっこいいイメージに変わってきた。とくに独身女性は「結婚より自由に，自発的に，自分の生き方を選んだ女性」とマスコミがもてはやし，ますます元気になっている。ただし，独身男性の場合の見方はこのイメージと社会環境の意識は少し違う。いまは大臣でも独身者がいる時代であり，結婚→出産→家庭という社会のセオリーが変わってきた。

これらの人達に共通している意識として，①自然志向が強い「自然化」，②さまざまな分野の境界がなくなった「無境界化」，③集団より自己を大切にする「個別化」，④遊び心あふれる「遊戯化」の傾向が強い。最近の流行やヒット商品は３Ｓ集団の価値基準に沿ったものが多い。その例として「ウォークマン」がある。これは54年の夏に売り出され，いまでは若者のファッションとして定着しており，「個別化」の意識にぴったり合っている。パソコン，ワンルームマンション等も個別化の現れである。どんべえ，小型樽生ビー

ルなどは「遊戯化」，焼酎，無農薬野菜，自家菜園などは「自然化」，タレントの執筆本，トランクルームなどは「無境界化」といえる。

　もう一つの流行の中に企業が文化面に関心をもちだし，「文化イベント」等を開催し企業イメージアップをねらったものがある。さらにはスポーツの「冠大会」も一種の文化活動といえる。これは企業イメージのアップと合わせ，社員の士気の高まり効果もあり企業戦略の重要なポイントになっている。企業文化のもう一つの大切なことは，利益の社会還元によるイメージアップの宣伝効果であり，時にはニュービジネスとして利益追求をしている企業もある。

　いろいろなブームの中にも消費者の価値観や意識にも変化がでてきて，商品の品質や実用価値より，ゆとり，遊び心，文化といった付加価値を求めるようになってきた。単なるカルチャーより「若者文化」「女性文化」「シングル文化」「シルバー文化」など対象者別に行うことも大切である。

◆　**国内のテーマパーク**　　いま主なレジャーランドは全国で約300余カ所，入場者数は2億5,000万人，最近の主要施設はスリルとスピードを売り物にしているものが多く，客層も子供中心から学生，サラリーマン，OLまで幅広く，旅行などはシルバー世代を特定したものから，国内に限定せず海外旅行も盛んになってきている。

　これらの各種テーマパークの利用人員ランキング（1993年度）を見てみると東京ディズニーランドがトップである。次いで最近注目されている横浜の八景島シーパラダイス，ここは特に水族館が人気がある。3位は大阪の服部緑地，次いで上野動物園，長崎のハウステンボス，古くから人気がある「豊島園」は6位，7位は東京タワー，8位は関西の水族館で有名な「天保山ハーバービレッジ」等と

表27 主な国内のテーマパークの規模

名　　称	所在地	開園日	面積(ha)	入場者数(万人)	年間売上額(93年度)	
		施　設　の　特　色				
東武ワールド・スクウェア	藤原町 栃木県	1993.4.	8	284	100億円	
		世界的に価値ある建物を精巧なミニチュアで再現，建築博物館				
日光江戸村	藤原町 栃木県	1986.4.	17	190	90億円	
		江戸時代の文化と風俗，劇場での時代劇ショーを再現				
サンリオピューロランド	多摩市 東京都	1990.12	2	150		
		キャラクターによるライブエンターテインメントを楽しむ				
横浜・八景島シーパラダイス	横浜市 神奈川県	1993.5.	3	868		
		水族館など海と人とのコミュニケーションアイランド				
新潟ロシア村	笹神村 新潟県	1993.9.	3	40		
		ロシアをテーマに美術館，ホテル等ショーホールや体験工房				
修善寺「虹の里」	修善寺町 静岡県	1990.4.	80	88	12億2,100万円	
		テーマは人と文化と自然，17世紀のイギリス村，自然の中のカナダ村				
伊勢「戦国村」	二見町 三重県	1993.4.	15	146		
		幻の安土城を中心に戦国砦，洛中洛外など華麗な戦国代				
パルケエスパーニャ	磯辺町 三重県	1994.4.	34	420		
		スペインをテーマに都市，大地，海，祝祭を体験，共感する				
天保山ハーバービレッジ	大阪市 大阪府	1990.7.	4	338		
		世界最大級の水槽をもつ海遊館，世界の味とファッション・グッズ				
神戸市立フルーツフラワーパーク	神戸市 兵庫県	1993.4.	100	160		
		果実と花と中世ヨーロッパの妖精の城「神戸ルネッサンス城」				

出所) 表22に同じ

広島 ニュージランド村	高宮町 広島県	1990.7.	50	38	8億8,000万円	
		大自然の中で羊や馬等動物と触れあい自家製牛乳を味わう				
四国 ニュージランド村	満濃町 香川県	1988.8.	15			
		自然と動物との触れあいの場,遊具,レストラン,売店				
レオマワールド	綾歌町 香川県	1991.4.	69	171		
		森と湖で"水を中心とした旅と祭り"をテーマ,アミューズメント&リゾート				
スペース ワールド	北九州市 福岡県	1990.4.	33	205		
		宇宙をテーマに宇宙飛行士訓練,スペースキャンプ体験				
有田 ポーセリンパーク	有田町 佐賀県	1993.4.	20	60		
		古伊万里ゆかりのツヴィンガー宮殿を中心,ドイツの街磁器文化交流				

ハウステンボス (オランダ村)	佐世保市 長崎県	1992.3.	152	390		
		日蘭文化交流の歴史をベースに花と船と水のショーをテーマ				
フェニックス リゾート 「シーガイア」	宮崎市 宮崎県	1993.7.		114		
		世界最大級の全天候閉開式ウォーターパーク,常夏のパラダイス				
岡山農業公園 ドイツの森 クローネンベルク	吉井町 岡山県	1995.4.	50			
		ドイツの農村がテーマ,食品,ワイン加工や街並み,牧場等				
アジアパーク	荒尾市 熊本県	1993.7.	5	57		
		アジア各国のミニチュア建造物,アジアを体験,体感クルージング				

※資料「テーマパーク年鑑・調査票」(95年2～3月実施)より記載,未記入箇所は未回答

なっている。売上額でも東京ディズニーランドがダントツで1,500億円強,次いで200億円台のナガシマスパーランド,宝塚ファミリーランド,鈴鹿サーキット,東武ワールドスクウェア,時代劇を象徴している日光江戸村,映画村となっている。これを設定する際の

素材ごとに分類すると次のようになる。

　アトラクション型はアトラクションによる気分の高揚を目的としており満足曲線は高い。テーマパークの多くはアトラクション型である。環境型やカルチャー型の市場基盤は観光客を中心とする二次市場にウエイトをおいているところが多い。環境型は非日常的な雰囲気や景観により来客の気分の高揚を図っており，時間の経過とともに気分の高揚や満足感は低下するが，ショーやパフォーマンスなども催され緩やかに低下していく。カルチャー型は博物館や美術館などが核施設となり，専門家やマニアにとっては高揚が高まるが，一般の人の高まりは少ない。複数の文化施設を配置しテーマに基づく演出と一体化により入園者が感動しやすい雰囲気づくりをしている。これ以外にニュージーランド村や牧場をテーマとした「ファームパーク」，レジャープールを中心としたシーガイア等は「ウオーターパーク」，「ミュージアムパーク」として東武ワールドスクウェアや岡山県の「中世夢が原」飲食，物販施設を中心とした伊勢の「おかげ横町」や横浜の「新横浜ラーメン博物館」は「マーケット・パーク」生産工程の一部を公開し消費者とのコミュニケーションや宣伝を図るものとして，福島県の「リカ・キャッスル」，愛知県の「お菓子の城」は工場から発展した「ファクトリー・パーク」と呼べる。日本の近代産業の歴史を勉強する名古屋の「豊田産業記念館」，明治時代の歴史的建造物を移築した「犬山明治村」等，さらに中規模施設として最近は体験型テーマパークが各地にでき始めているし，その地方の独特な特産品や飲食物の製造工程，趣味を発展させたもの，地域の農産加工物の即売，魚介類の新鮮さを中心とし販売と飲食をミックスした「さかなセンター」などは，地域型テ

ーマパークの典型ともいえる。これらは地域の人が来園者と積極的にコミュニケーションを図り地域の特産物の宣伝販売するところに特色がある。また地ビールの製造工程を見学させ飲食，直売するところなどが多くでき始め一つのブームになっている。国際博覧会跡地を利用した大阪の「咲くやこの花館」，岐阜の「花フェスタ記念公園」，沖縄の「国営沖縄記念公園」。さらには特定の花をテーマした名古屋の「ランの館」，ユリを中心とした札幌の「百合が原公園」，バラを中心に「敷島公園ばら園」，シャボテンを売り物に「伊豆シャボテン公園」や神奈川の「真鶴サボテンランド」，その他フルーツをメインとした「浜松フルーツパーク」，昆虫館，薬用植物，水生植物，高山植物，自然を売りものにした公園などがある。

　アメリカのテーマパークは前にも述べたとおり，映画を題材としたものが多く，ファンタジー世界を再現する手法として，ダークライド（乗り物）施設（オーディオアニマトロニクスが繰り広げる名作映画を大型ライドに乗って楽しむ）があるがもう一つの特徴は，映像やレーザー光線，スモークなどの特殊効果，立体映像と壁にペパーゴーストという特殊疑似映像装置を組み込んで音響と仮想体験をするなど映画会社ならではの手法を取り入れている。さらにはこの手法でスリルアクション体験，未来社会表現，シミュレーション・ライド・システム（映像に合わせて座席がシンクロして動く疑似体験シアター）。

　※オーディオアニマトロニクス＝人間や動物の人形，背景の植物などの動作，音声をコンピューターで制御するシステム。3次元のアニメーションとも呼ばれ，人形がテープやデジタル録音物に撮った音声などに合わせて口や手足を本物そっくりに動かすもの

アメリカ以外の外国で名高いのはフランスの「ユーロディズニー」で当初の目標を大きく下回った。この原因は資金計画，不動産投資，そしてアメリカ流経営をフランスに持ち込んだがこの国では通用しなかったことである。入場者も目標より100万人少なく880万人。その後人員削減等の合理化を行い経営立て直しを図った。それでも1万人の従業員が働き直接，間接を合わせても48,000人の雇用の創出がされている。

　94年9月期決算報告では3億フランの利益がでているが，ウオルトディズニーに支払ったロイヤルティーは2億6,000万フランでこれにほとんど消えてしまい利益を出すどころではない。テーマパークの建設はお金のかかるものであり，採算ベースにのせるには並大抵の苦労ではない市場調査をしっかり行ったうえで，建設する国の国民性や経済状況を把握し時代の流れをよみとることである。さらには人がどんなものに興味をもっているか，速い世の中の流れをつかむことである。

　現在愛知県で万国博覧会を計画中であるが，万国博覧会の本来の意味を取り違えて内容を検討している感がしてならない。検討している状況（2001年12月）をみてもテーマも決まらず目指す目的も定まらない中でなぜ万国博覧会に取り組まなければならないのか不思議な行事である。この大きな理由の中には開催する都市の知名度が世界に知れ渡り発展の可能性が期待できるとして取り組んでいるが，この考えは今のIT時代に時代遅れの感がする。もっと有効な資金の使い方があるはずであるが関係者の意地の張り合いに躍らされている人が滑稽に見えるような思いがする。今まで4年余も同じことを繰り返し話し合いをしており日本の典型的なだらだら会議の姿を

見た気がする。今,県民の理解は県が臨時的なテーマパークづくりに四苦八苦している姿しかみえず,何をむだなことをやっているのかと思う。これだけテーマパーク不振の時代に無駄な経費を使うのに一生懸命になっている姿は県民不在の行政の姿しか見えて来ない。何か割り切れない気持ちを感じている人が多いと思う。

表28 世界の主要な博覧会

年次	名　　　称	テーマほか	開催地	入場者（万人）
1851	ロンドン大博覧会	ガラス張りの巨大な水晶宮	ロンドン	603
1867	パリ万国博覧会	参加国のパビリオン方式の最初	パリ	416～516
1889	〃	エッフェル塔の建造		3235
1893	コロンブス博覧会	アメリカ発見400年記念	シカゴ	2147～2752
1937	パリ芸術と技術博覧会	近代生活における芸術と技術	パリ	3100～3400
1939	ニューヨーク世界博覧会	明日の世界	ニューヨーク	4493
1958	ブリュッセル万国博覧会	科学文明とヒューマニズム	ブリュッセル	4145
1964	ニューヨーク世界博覧会	理解を通じての平和	ニューヨーク	5160
1967	モントリオール万国博覧会	人間とその環境	モントリオール	5036
1970	日本万国博覧会	人類の進歩と調和	大阪	6422
1985	国際科学技術博覧会	人間・居住・環境と科学技術	筑波	2033
1986	国際交通博覧会	動く世界,ふれあう世界	バンクーバー	2111

出所）表22に同じ

◆ **万国博覧会**　万国博覧会は大きくは「一般博」と「特別博」の2つに分類されており，目的は「加盟国が認める団体（多くは地方団体）が主催し，人類の文化と産業の成果を競うもの」と定められている。最近の開催博を見てみると「新しい文化の創造や産業技術の発展，都市開発の促進」の契機になっていることが多い。この一般博は人類の活動における2つ以上の部門において達成された進歩を示すものであり，近未来の生活と産業の育成を目指し人の進むべき方向を示すことが当初の目的のような気がする。かつては東京都が「都市博」を中止したように世論も博覧会の時代は終わったとする見方も多く，それも開催決定から4年間も無駄な時を過ごしていることは時の動きの速い時代に滑稽に映るのは私ばかりではない気がする。

4　高齢化社会の未来：出産がカギ

家庭における子供の役割は，以前の農業中心社会では「生産材」として家庭では重要な働き手の一人であったが，今は「消費材」として消費社会の重要な役割の一翼を担っており，日本経済の消費の一員として必要不可欠である。農業中心社会だった頃は農業作業員の一員として労働の一翼を担っていたが，サラリーマン社会になって家業の分担や手伝いの必要がなくなると同時に老親の扶養意識も薄れていった。この背景には年金をはじめとした社会保障制度が充実して来たこともあるが，家族意識が薄れシングル生活人の増加や核家族化で親を扶養する能力が減少したためと，親も扶養に対する子供への期待感も薄れた。その他少子化でどんなところに影響があるかが図3である。

図3　少子化が我が国に与える影響＝複数回答

(単位：%)

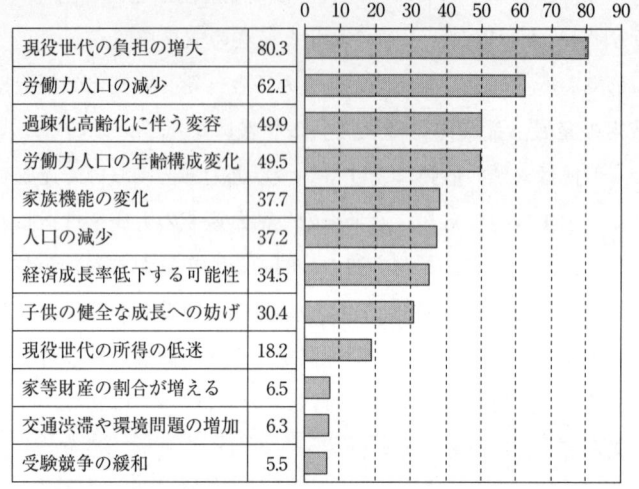

項目	%
現役世代の負担の増大	80.3
労働力人口の減少	62.1
過疎化高齢化に伴う変容	49.9
労働力人口の年齢構成変化	49.5
家族機能の変化	37.7
人口の減少	37.2
経済成長率低下する可能性	34.5
子供の健全な成長への妨げ	30.4
現役世代の所得の低迷	18.2
家等財産の割合が増える	6.5
交通渋滞や環境問題の増加	6.3
受験競争の緩和	5.5

出所）1997年度厚生科学研究のアンケート調査より

　年金・介護保険など各種の保険を運営していくため財源は働き手の負担がなければ維持できない。少ない働き手になれば当然1人当たりの負担増になり勤労意欲の減退につながる。そうなれば当然経済の上昇も望めない。

　人口構成も高齢者の割合が増え，家族構成も変化してくる。人はより便利な土地に移り住み地域によっては過疎化が進む。人と人の交流も減少し介護保険も人の手によるサービスが中心であるが，人が少ないことによりサポートする人がいない現象も出てきて介護もままならない。少子化の影響は今までの社会現象の考え方を大きく変える必要が出てくる。安定した経済発展があって，所得の保障があり，その結果で安定した生活ができるものである。生活保障の根

幹は経済の安定が第一であるが，1世帯当たりの平均所得は世帯主の年齢により違いがある。今は年金制度もある程度確立しておりそのため高齢世帯の所得が，働き手の中心であり子育てでお金も必要な30歳代世帯より年金受給の60歳代世帯の方が所得が高く，勤労者からすると働いている人の方が所得が低いことに矛盾を感じている人も多く，年金制度への信頼性も薄れることにもなる。しかも全国の老人クラブへの助成も多くあり，子育て最中の人からすると支援策があって当然と受け取れ何らかの援助制度の必要性が少子化対策の重要な課題でもある。

　これは世代別の所得金額を見てみればそれが現れており若い世帯の立場では年金負担も考えさせられると思う。1998年の「国民生活白書」の調査で新しく世帯をもった29歳以下の人達は，65歳以上の人達の所得より低く，世帯当たりの所得金額は高齢者の6割相当額にしかならず，これでは年金や2000年から始まった介護保険にしても負担する気持ちも起こらない。若い人たちからすれば所得の多い高齢者の人を，所得の低い自分たちが保険料を負担しなければならないことに疑問を感じる。ますます景気低迷の中，働く意欲の減退にもつながる。さらに一人当たりの所得にすれば，最も金のかかる30〜40歳代の世帯の一人当たり所得金額は2百万前後なのに，高齢者世帯の一人当たり所得金額は220万円前後である。働き手の中心の矛盾点を何らかの制度で救う方法を考えないと日本経済の立て直しもできない。国民の平均的所得は1世帯当661.2万円・1人当225.8万円である。国政の舵取の国会議員の報酬は各種手当を含めると年間約4,000万円月額にして333万円，しかも平均年齢が60歳超えで一般社会では第一線を退く年齢であり，これではサ

ラリーマンの生活が理解できないのは当然である。議員世代交代を図らなければ経済改革はできないし，そのためには国会議員の定年制を法制化すべきである。一般の中心的な働き盛り世帯の30～40歳代が60歳以上の世帯より所得が少ない矛盾点を解消することが少子社会の必要な経済改革の一つである。この所得の配分から考えても祖父母が孫に物を買い与えたりするのは所得に余裕があることであり，98年に行った消費経済活性化対策の「地域振興券」もそれが消費につながらないのは，将来に不安感を残したままの対策で消費には回せなかったからである。安易な発想の政策実行では策の貧困としか言いようがない。経済の活性化が出生率の向上の第一である事が理解できると思うが，それがかなわなければ向上は無理である。子供を生み育てることは経済・体力・精神的にも大変なことであり，子供が成長することはまた別な面の楽しみもありそれが人生の張りにもなっている。これは自分が今まで育ててもらった親に対する努めでもある。

① 子供の価値：子供をもつことの良さ

自分の家族の中に子供がいることについてどんな考え方をもっているか，未婚，既婚によって意識に多少の違いがある。昔から自分が生まれてから成長し一定の年齢になったら結婚，家庭をもち次の世代へのバトンタッチするため子供を生み育てるのは動物，植物に限らず自然界の摂理であり，自分が育ててもらった過程を引き継ぐのが生あるものの道理である。結婚せずにこの過程を自分の勝手な都合で壊そうとしている人がいることは自分の存在を否定することであり，この人が高齢化になったときはお金以外に必ずや人の手助けが必要なため，手助けを否定していることと同じである。介護が

必要で他人の手を借りなければ生きることができなくなったらどうするのか考えたことがあるだろうか。介護はどんなに機械化されても人の手は必ず必要で，施設に入っても人が世話するのには変わらない。自分勝手に結婚しない，出産しない人は男女にかかわらず生命の「種」の存在を否定していることになる。

子供のいることの一番のメリットは「① 家庭が明るくなる」で未婚，既婚とも多く全体の支持は86％，未婚者が82％，既婚者は88％で6％の差がある。次いで多いのが「② 子供を育てることは楽しい」で全体の支持が44％これは未婚既婚ともほぼ違いがない。「③ 子供は老後の頼りになる」で未婚者は18％の支持であるが，既婚者は15％で未婚者の方が高い支持を得ている。それなら早く子育てに加わり自分が楽をすることを打算的でなく考えるべきである。子育ては苦労が多いが子供がいることにより家庭ににぎやかさが増し，未婚者でも家庭内での子供の存在感を認めている。同様に育てる楽しさも既婚者と変わりがないが社会的に地域の中で子育て環境を整備することにより，②の子育てが楽しくなる人が増加することを配慮することが望ましい。北欧のスウェーデン等ではシングル女性でも働きながら子育てを楽しんでいる人が多く，ここは地域で子育てがしやすい環境が整っており子供は一家だけでなく地域の一員として社会全体で育てる意識が育っており，自分の子供でなくても楽しみながら育児をしている。日本でももっと子育てを精神的に余裕をもって行うことが必要である。そうすれば子育ては楽しいものになるはずである。

③の老後の頼りがいに既婚者より未婚者の率が高いのは以外で，子供を持たない人が子供に期待感を持っていることは，現実はそん

なに世の中うまくは行かないことを知るべきである。子供が成人してしまえば老後を頼ったり頼りにならないことを既婚者は悟っているだけに率が低いのは当然の結果である。4番目の期待感が「子供を持つと子孫が絶えない」は当然のことでこれも人間でなくても生物全てに共通することである。自分を生み育てていただいたものとしては義務であり，さらに個人的には「⑤ 家名，財産を継ぐ」ことに繋がり既婚者の方が少し高くなっている。これも将来の自分達の老後への期待感であり，未婚者より既婚者の方が自分の家をもっている人が多いため，せっかくの資産を身内に引き継いでほしいのが本音であり親の期待感が出ている。家名，家業，財産，子孫などは昔の封建的の名残りともいえる。しかしこの考え方も徐々に薄れていくものと思う。

② 子供の虐待・自殺者（特に愛知県の実態は…）

深刻な社会問題となっている「児童虐待（18歳未満）」は，警察庁発表で平成11年全国で50人近い子供が死亡しているが，実際はこの倍近くの子供が犠牲になっており，そのほとんどが6歳以下の幼児である，この親の多くは育児に関し夫婦の協力がない家庭や，悩みを話し合う友人や相談相手がなく性格的には内向的な人が多い。中には自己中心的な自分勝手な親もおり大人になりきれない人が多く，自分の思うとおりにならないストレスの発散が子供に向けられていることが多い。その他，無理心中により20名の子供が犠牲になっており，この子供らは自分の親の手で命を断たれている。この中で最も多いケースとして養父や継父が加害者になるケースが多く，さらには実母が原因者のケースも少なくない。これらは親の育って

きた環境の影響も大きい。

　最近のCAPNA（子供の虐待防止ネットワーク・あいち）が調査した結果でも，年々増加している傾向があり，警察庁調査より多い。全国では96年は103人，97年が110人，98年が131人になっており，98年の県別では愛知県がトップの15人，大阪が14人，埼玉が11人神奈川が10人，以下北海道，東京，静岡，長野，茨城，兵庫，沖縄と続いている。トップの愛知県は県行政として「心豊かな暮らしの実現」として，まずは「暮らし」の物質的な面（工業）を最優先しており，その証拠には製造品出荷額など22年連続第1位でそれを自慢にしているが，心の部分，特に福祉，教育，環境への配慮が遅れている。これは代々の知事が産業最優先で県財政を潤すための物質的な行政を第一義に考え「心の豊かさ」を後手としてきた結果である。福祉時代でありながら福祉制度の取り組みなど市町村側から見れば保守的であり全国的にも下位に属している。教育面も他県に比較して管理教育が徹底しており，良く理解すれば均一的な教育ができているが，教育の自由や発想に欠ける面があり，教師の実力が出せないところもあり，これに対応できない生徒が多くいることにもつながる。これが間接的には不登校，家庭内暴力，いじめ等の原因にもなっている気がする。さらに情報社会の時代なのに行政の情報公開など全国的にも最下位であり行政姿勢が封建的である。これは県民の性格として「見栄」にこだわる保守的なところがあり，県民の行政に対するチェック機能も少ないためである。この理由の一つとして県民所得が高いことや，県民の多くが産業の担い手として全国から集まってきた人で自分の周囲や環境面への関心の薄さがあり，生活感の配慮への努力が少ないことが挙げられる。例えば，

他県から就職しこちらで家庭をもっても，子供時代の思い出もない土地では現在の生活が中心であり，自分の代から世代が始まる訳で日々の目先の生活意識が中心で，周囲の環境をじっくり観察する「ゆとり」がなく，関心も薄く住民運動は起こりにくい。そんな風土の中でバブル全盛の夢を見つつ行政のトップは目に見える行政（施設建設を中心とした通称＝箱物行政）を中心に施行，それがバブル崩壊とともに地方行政の財政破綻の原因になっている。精神的な心の豊かさが後手の行政になった。特に福祉面などの対応や取り組みが遅れ，核家族世帯など他地方の出身者ばかりでは育児の先輩として周囲によい相談者がいないため，育児等で精神的に追い詰められた結果として子供が被害者となっている。さらにバブル期の夢を追い過ぎて一家での無理心中により子供も悲劇の主人公になった事例も多い。

　全国で2001年の自殺者は男性22,144人，女性が8,898人の合計31,042人で，原因・動機別では「健康問題」が最も多く，全体の約半数の15,131人。次いで「経済・生活問題」に起因する自殺は6,845人と前年より増加しており，この中でも「負債」がトップで3,479人，次いで「事業不振」「家庭問題」「仕事問題」と続いている。年代別では50歳以上の中高年が60.5％を占めている。自殺者の職業別では「無職」が14,443人，以下，サラリーマン7,307人，自営業が4,149人。さらにこれ以外に家出人の捜索願で，全国で102,130人で，10万人突破は1984年以来，17年ぶりに多くの家出人があった。この内男性が60,581人，増加数は全体で4,862人。この内3,335人が成人（20歳以上）で中でも30代が1,173人と増加し，原因として「家庭関係」がトップ。次いで「事業・職業関係」「疾病

関係」「異性関係」と続いている。

　2001年の特徴として未成年女性の受理数が増加し16,111人と前年比13.9％の増。若い女性が被害に遭う凶悪事件が相次いで「捜査願を出すケースが増えている」と警察庁はみている。

　仕事で過去に行った相談ケースの中でも父母が離婚した環境で育った事例は多く，見本であるべき親の行為が精神的な成長段階で何らかの形で子供に影響を与えていることが多いことを認識する必要がある。今の家庭はよくいえば「個」の尊重で「個室を与え，好きな時間に自室で一人食事，携帯電話による専用電話，遊びは個室でパソコンゲームに熱中，この多くのゲームは殺人や破壊を中心としたものに人気」，このような環境では知らず知らずに未成熟な内に精神面の成長が歪められ，人の命の尊さもわからない子が育ってしまう。少子高齢化社会で福祉の充実はますます重要な施策として取り組むことが要求されている。さらに最近のアメリカの傾向として「非婚」のまま子供を出産する人が多く，90年から94年にかけてのアメリカの出産に関する統計によると，第1子を出産した15歳から44歳の33％の女性が「非婚」のままの出産で，さらに15歳から29歳に限定すると40％にも達している。これは従来の「家庭」の概念が崩壊しつつあることを示しているが，日本も増加しつつある。アメリカの例では人種別にも顕著に差が現れている。白人系では24％が非婚出産，黒人系では71％が非婚出産，中南米系では36％が非婚出産，アジア系等その他の人は72％が非婚出産，年齢では15歳から19歳の母は75％が独身のまま出産している。

5　少子化・子育てに対する諸問題

(1)　少子化が与える影響

◆ **財源確保**　景気の維持と賃金確保が可能であれば外国人による労働力の確保は可能であるが，はたして外国人が日本人の福祉のために負担をするかどうかである。彼らは一定の労働期間に多くの金を稼ぐために来ており，日本人の将来の福祉制度は関係ないので負担を拒否するのは当然である。現在でさえ若者は年金の未納も多く年金制度の将来を危惧している。健康保険も現役世代より高齢者の方が多くなる時代で医療保険の将来も経営困難な時代が既に来ており，健康保健組合の多くが赤字の危険にさらされている。この原因の責任は老人保健制度にあり，今国民医療費の総額は年間30兆円に達しているが，その3分の1の10兆円は70歳以上の老人保健の医療費である。この財源は国，県，市町村や健康保険組合が負担しており当然公共団体の負担分は国民の税等の負担によっており，現役世代の減少により掛け金負担者も減少し財源確保が困難になり，制度の維持が危ぶまれている。

さらに税収においても少子化による消費の冷え込みで消費流通の不活発により全体の税収減が危惧され，製造産業など外国への進出により国内利益の減少でますます減収傾向が増す。企業の海外進出は当然であるがそこに働く従業員の多くは外国人で，これら個人に掛ける税収は日本としては0，個人の資産確保も外国のため税は0，法人税も活動が外国のため一部減額になり，法人資産に対する税収も現地法人なら0，従業員の購買消費は当然外国のため日本国内への税収はない。さらに国民最大の影響は雇用の場所が減少すること

により不況，失業の増となり国内雇用の減少でそれに関する保険，年金財源も減少，将来の年金が当てにできなければ自己責任により確保を図ることとなり，その結果，個人消費の節約が生じ国内消費の冷え込みがますます増大し，流通産業も景気の後退を余儀なくされ，悪循環の経済不況になる可能性がある。

◆ **労働力確保** 労働人口は減少するが，この補完は外国人労働者により可能である。現在も多くの外国人労働者が日本に働きに来ているが，このために日本人の地域社会に混乱が起きている。外国人労働者はお金を稼ぐのが目的で日本で将来とも生活をする気はなく，将来の日本の高齢者の社会保障を支えることはありえない。むしろ日本人社会のトラブルの原因にも成っており，多くの外国人が住んでいる愛知県豊田市でも地域の行事に外国人の協力もなく，彼らは日本人社会に溶け込む努力はしない。目的のお金が貯まれば事業を始めるためサッサと本国へ帰って行く。日常生活習慣は国によって当然違いがあるが，お互いが相手を理解しないことがトラブルの元になっている。

企業側としては労働人口の減少は設備の合理化による省力化やシステムの改善である程度はカバーでき経済活動の継続は可能である。しかし今後も多くの外国人に労働力の確保を頼るようでは，いずれ日本人が現場から追い出され日本人の働く場所さえなくなる危険をはらんでいる。一般的に労働人口といわれているのは15歳以上であるが高校進学率が95％以上の現在では，この年代は労働人口にはなりえないし，さらに大学進学率が高校卒業者の半数以上の現在の進路を考えると，現実の労働人口としては，20歳以上の人口で考えるのが正しく，ほとんどが60歳定年の多い企業形態では65歳

までを労働人口とはいいがたい。こんな現実を踏まえれば労働人口統計も換算の仕方を変更する必要があり，近い将来，労働人口より高齢者人口が多くなる可能性があり，こんな経済活動の中では高齢者の将来の生活保障などできるはずがない。さらには子供（15歳以下）たちより高齢者（65歳以上）が多い時代になり，失礼だが先の短い高齢者よりこれから将来ある子供へ投資するのが当然であり，子育て支援にもっと力を入れるべきである。

◆ **若者意識** 今日本の若者のメンタリティの変化の速度は諸外国に比較し世界一速いといわれており，精神面が十分な成長のしないままで上面のごまかしのまま実態に対面することになる。いざというときの精神葛藤の解決能力が未成熟のままである。自分の精神の進路方向が定まらずそれが出社拒否，家庭内暴力，引きこもり，人を排除する等，反社会的な暴走行為として現れる。数年前の「荒れた成人式」は若者の目的の持てない将来への反発と，精神の未成熟の人が思いついた自己主張の表現の一つで，大人としての自覚のない無責任な行動で成長できていない証拠でもある。

若者の暴走行為など自己主張の表現として簡単に片付けられることではなく，他人を巻き込み他人の迷惑も考えない行為は社会性の育ってない証拠である。これは経済の活性化とも関係があり，不況になれば心のやり場のない若者が増加する。この結果として統計にも現れている若者の自己主張のなさは，急激な社会の変化で十分な精神的な成長が望めないためである。ある学者によると意識として「自分が精神的にいためつけられたり，相手を干渉したり，強く自己主張しないかわりに自分もそうされることを嫌う」のが今の多くの若者の考え方である。また他人との交わりを嫌う意識があり，職

場の付き合いでは「上司や先輩と飲みに行って感情的な議論をしたくない」など，消極的な行動で他人との付き合いを避ける傾向にある。ある若者は退社後職場の人と付き合うなら，自宅に早く帰って飼っている猫を相手にすることの方が幸せ感を得られリラックスできるからといってサッと帰ってしまう。つまり相手にあわせる人付き合いや話もできなく仕事に対する姿勢も時間内だけ企業に尽くし，後は自分の自由な時間でそれまで職場の人と付き合う必要はないと自己判断する。社会性の未成熟な若者が多い。異性との付き合いでもそれが影響し「断られるのが怖くて，女の子を口説くのもままならない。グループ交際している中でも友達に悪いから自分の目当ての子に電話することもない」これが今の若者の交際意識である。これでは交友範囲も広がらないし，ましてや異性との交際も発展しない。さらに男女間の比較をすれば男性誌に比較し女性誌の発行の種類は多く，当然情報の知識は女性がはるかに豊富にもっている。テレビドラマも女性上位の放送数であり，今の女性は知識過多で現実面を直視する反省能力に欠けており仮想社会に入り込み抜け出る努力をしない人が多い。

◆ **世代交流**　地域社会の変容は当然であり昔からのしきたりがだんだんなくなり，暮らしの「祭り事」も変化せざるをえない。さらに地域社会の付き合いも希薄になり，心のつながりも減少し世の中が殺伐となる。場所によっては高齢者ばかりの地域の出現で若い世代との交流も少なく世代間に深い溝ができている。文部科学省が平成11年にアンケート調査をした結果にもそんな現象が現れている。この調査は小学校4年，6年，中学2年，高校2年の15,697人，高齢者は65歳以上1,644人の回答で高齢者との交流をしてみた

い子供は小学4年では86％あったが，学年を追うごとに減少し高校生は49％である。「お年寄りにしてあげたいこと」を聞くと子供は「元気がないときに励ます」「好きなものをプレゼントする」が共に4割強。しかし高齢者に「子供達にしてほしいこと」を聞くと「悩みを打ち明けてもらう」が27％，「励まし」が16％，「プレゼント」が7％となっており，気遣いより自分達のほうが役に立ちたい気持ちが強い。さらに高齢者は子供達のことを厳しく見ており「甘やかされている」が64％，「常識や礼儀を知らない」が57％，「言葉遣いが悪い」が53％と上位に否定的な回答が並んでいるが，この状況を作ったのは大人でありこの責任は忘れてはならない。今の子供で「近所の人から注意をされたりしかられたことがあるか」で「全くない」「あまりない」を合わせると73％にもなる。こうしたことから地域社会で高齢者と子供達のつながりの少ないことがうかがえる。高齢者が子供を注意する場合，子供の親が間に入ってきてこの親から反対に高齢者がおこられる。しかしこの親を育てたのは自分達高齢者自身であり，「甘やかされている」子供の親は高齢者が育てた結果であり，自分の子の教育を怠った結果として「甘やかされた子供」は間接的ではあるが高齢者にも責任があり，孫を甘やかした張本人は息子を通じて高齢者自身であることを子供の親に責任を押し付けるのではなく，高齢者が批判した子供の「しつけ」の元は高齢者につながっていることを改めて意識すべきである。

　世代間のそれぞれの考え方の違いは今の家族のあり方に原因しており，これが良いか悪いかは別として「世代間の溝」は当然と考えるべきで，違いがあって当然という意識をむしろもつべきである。違いを認識したうえでお互いが歩み寄ることが大切であり，歩み寄

りがなければ子供と高齢者の交流は進まないし，世代間の「意識の深い溝」は埋まらなく，そうなれば同一生活圏での暮らしはできないことになる。地域社会に昔からのしきたりや躾も守らせるべきことなら子孫への引き継ぎを行うことは高齢者の責任でもある。現在の地域社会では世代感の心のつながりもだんだん希薄になっており，相手を思いやる心の大切さや家族でも年配者を敬う心の教育をする必要があり，若者だけでなく高齢者自身も若者の存在を認め育てるという意識をもち，お互いが相手を認識する心が必要である。

◆ **労働力年齢**　高齢化時代になり退職年齢も60歳から65歳になり将来は年金受給も65歳以上の選択性の時代がくる。65歳以上でも体力的に労働が十分可能な人は働くことを主眼として，年金受給年齢も個々に応じた支給方法にしたらどうだろうか。そうすれば年金財源の削減にもなる。当然労働力人口として今の年齢設定でなく実態に合わせた統計の仕方が必要で，20歳から65歳ないし70歳を対象とする。いわゆる実労働力人口の年齢構成も当然変化してくることになる。労働力も社会構成に合わせた統計の仕方をすることが必要で，そうすれば数値だけは労働力不足にはならない。企業も高齢化時代の社会経費負担の軽減のためにも高齢者の活用を真剣に考えることが必要で，これからの経済活動を支え年金支給年齢を上げるための交換条件でなければならない。年金支給年齢だけ上げても現実に仕事がなければ明日からの生活に困ってしまう。いまは建前が先行し年金支給年齢と定年年齢が65歳になったが，実際の定年が60歳のところがほとんどで退職後から65歳までの仕事が不安定な状態であり，年金満額支給まで十分な給与の支給の仕事がないのが現実である。定年年齢と年金支給年齢は生活費の保障が

できるセットであることがポイントで国の勝手な制度の犠牲者はいつも国民であり，国会議員の実社会の意識の低さが問題である。この意識の低さの例として，過日（1月）民主党の国会議員が職業安定所を視察し高齢者の求人状況を知るため情報検索した。その就職条件が月収50万円のところを探そうとして見つからず「なるほど高齢者の就職は厳しいなあ」といっていた。当然月収50万円の条件があるはずがなく，20万円でも難しいのにこれでは社会の実態を知らなさすぎる。こんな意識では国民の生活実態を考えていただきたいというほうが無理で，政策を考えることができないのは当たり前と呆れる。さらに国政のこの弊害は2世議員（議員秘書から国会議員になった人を含む）の多さからも勤労者の生活感覚の理解ができず政治献金など奢りたかりの世界である。

◆ **家族機能の変化** かつては3世代同居は当たり前であったが，昭和40年代の高度経済成長の頃から2世代を中心とした核家族化時代になって来た。就職のため古里を離れて企業のある都市に人口集中したのが，昭和30年代から40年代でその人達が家庭を築き出したのが40年代である。いわゆる団塊の世代の人達で親は古里で高齢者世帯のみの生活環境になり，それが過疎地域として今日に至り，現在は残された親が高齢のため介護が必要な状態になっている。古里を離れて来た人達は親の介護をどうするか今日の社会問題として大きくクローズアップされてきた。親を引き取るにしても問題があり，兄弟が近くにいれば良いがそうでない場合は，古里の資産管理や親の引き取り，引き取り先の住宅の居住部屋の余裕の有無等，同居できるだけの広さがあれば良いがそうでない場合は親の住むための住居を確保しなければならない。介護制度が十分整って

いる都市なら良いがそうでなければ家族の中で介護する人の必要性がでてくる。また高齢になってから生活環境が変わると「痴呆」への進行も増し，なかには親の介護のため夫婦が別々に暮らすことになった人や，企業を退職せざるをえなかった人，週末には古里に帰り介護をしてきて月曜日に出勤する生活をする等，さまざまな方法で対応している。今福祉時代といわれながら経済最優先できた日本の生活環境はさまざまな問題を残したまま今日に至っている。家族の心のつながりの問題点を残したまま今日の家族関係ができており，親子関係や近隣社会のつながりを見直す時代にきており地域社会としてどうあるべきか真剣に考えることが必要である。今都市でも一人暮らしが多く，居住空間も一人暮らしのワンルームマンションも多く，長く住んでいても隣の人がどんな人か知らない人が多く，死亡しても1カ月も知らないことも多く，殺伐とした都会生活を表している。これでは「家族」意識など関係なく毎日の生活で何を考え将来に望みをもっているのか「家族」に対する価値観をもって居ない人が多い。

◆ **子供人口の減少**　　人口総数ではしばらく減少傾向にはならないが，問題は年齢別人口構成である。高齢者は増加の一途をたどるが子供の占める人口は年々減少している。さらに労働人口年代の人達も減少し，それが経済成長率の低下や現役世代の所得の低迷につながることになる。出生児の減少により現役世代の将来の生活環境も大きく変化することを考えることが必要であり，いまの日本経済の伸展や生活環境の保障はない。少子化の対応を早く対処することが必要で2000年を契期として大きく変化する社会情勢を考えることが大切である。子供人口の増加は日本の慣習から婚姻者の増加

（非婚出産がすくないため）が第一であり，それも初婚年齢が低くならなければ出生はおぼつかない。初婚年齢の高齢化により出産も従来より高齢出産が多く，従来なら3人目を出産する年齢が今は2人目の子供の出産であり体力，精神面を含め育児への熱意が消極的になり，いつまでも子育てに従事していると自分が社会から疎外されるような焦りを感じ，それがストレスの蓄積になり子供がいるために自分には自由な時間がないと感じ子供への虐待につながる場合がある。早く子育てから離れ働くことしか社会へのつながりを感じない人も多く，もっと違う面で社会のつながりを関係づけることがあり，子供を仲介にして趣味や地域のグループづくり，ボランティア活動等自分の好きなことができる立場で自由な活動ができる環境であることを忘れている。子育てを楽しいと思うことが一番で苦労と考えるべきではない。しかし今は子供も平均的に2人の人が多くこのままでは子供の人口も減少していくばかりである。

◆ **地域社会のあり方**　これからどんな地域社会が望ましいかは，そこに住んでいる住民の要望がどんなものであるかを知ることが必要である。いまの若い人たちが将来どんな地域社会を望んでいるか，最近の若い人は縦社会のつながりを嫌う傾向にあり同年代の横のつながりなら容認するところがある。そのためだんだん昔からのしきたりや行事が守られなくなってきている傾向にあり，時の流れとともに変化するのは当然であるが近隣社会を形成して行くためには必要なことも多くあり，これらがなくなることはさみしいことである。昔は地域の行事などを通じて地域の人達の交流があり，「向こう三軒両隣」が親戚以上の付き合いで「遠い親戚より近くの他人」で助け合いの関係ができていた。このようにお互いが助け合

表29 「少子社会における地域社会についての考え方」

	好ましい	どちらかと言えば好ましい	どちらとも言えない	どちらかと言えば好ましくない	好ましくない	無回答
郊外の住宅地にも連帯感の有る地域社会が形成されている。	45.9	38.1	10.8	1.0	0.1	4.1
農村漁村では他地域との交流が進み個人の多様な生き方を受け入れる地域社会になり後継者難や結婚難は解決している。	55.0	24.7	14.0	0.6	1.0	4.7
地方分権が進み地域社会が活性化する。	54.0	26.9	14.0	0.4	0.4	4.3
市町村の合併が進む	24.6	27.3	36.0	5.1	2.6	4.4
都市部に居住人口が戻り中心市街地が再活性化すると共に，郊外の住宅にもオフィスや商店が生まれ職住近接のまちづくりが進む	39.5	39.0	14.0	2.8	0.6	4.1
主婦や自営業者だけでなく，雇用者として働く男女も積極的に地域に協力	54.7	33.3	6.9	0.1	0.4	4.6
高齢者が積極的に地域参加をする	62.7	29.2	3.2	0.4	0.4	4.1
子供達での地域での交友関係や活動が活発になる。	68.8	23.1	3.5	0.5	0	4.1

出所）1997年厚生科学研究所調査より

いながら今日の地域社会が形成されてきた。少子化時代になりさらに従来からの地域社会の形成がむずかしい今，子育ても地域で育てる環境が育まれていないため出産環境もよいとはいえない。しかし将来もこのままでよいか，どんな地域社会を求めているか，そんな調査を1997年厚生科学研究所が行った。

　この地域社会の交流の中でやはり子供を中心とした活動が一番高い。さらに高齢者などは時間的に余裕があるため積極的に地域参加することが望ましいが，実際は高齢者の参加は少ない。特に地域の老人クラブ等は旅行やレクリエーションの参加にいそがしく，地域のコミュニティ活動で行事や奉仕活動をお願いしても「忙しくて出席できない」といわれ参加は少なく地域に溶け込む気持ちも薄い。今までの遊び足らない生活を老人クラブに入り一気に遊びを中心とした活動に振り向け地域へ協力する姿勢が感じられない。これでは若い人たちにも理解されないし，人生の先輩として後輩への指導もできず，ますます世代を越えたお互いの理解もできないのは当然である。最も時間がある筈の高齢者が積極的に地域の一員として世代を越えた交流の輪の中に入っていくことが必要で，働く若い人達で困っている育児の相談や学校下校後の「留守家庭児童対策」など地域で協力できることは多く，若い人達への積極的な関与や交流を深めることにより，地域社会でより良いお互いの理解を深めることができる。

(2) 学校教育と地域

　平成11年版「国民生活白書」のタイトルは「選職社会の実現」であったが，職業の基となる学校教育の中でも「選学教育の実現」

をする時代にきたと思う。小，中学校は徹底して基礎教育を中心として行い，高校生からは将来の進路を目標とした課程を中心に教科を選定することにより，学業に余裕をもたせた精神面の鍛練を行うことも課題として取り入れる必要がある。1997年に調査した「今後の子供達に対する学校教育のあり方について」の中でも「子供の教育は地域や家庭の役割」を期待しており，これを「好ましい」と賛同した人が96％おり，ほとんどの人が学校以外の家庭や地域に役割を求めている。子供の生活にも「ゆとり教育」を希望しており，子供の成長に地域や家庭の役割が大切で，日常生活にゆとりをもつことでより精神面の教育ができることをあげている。子供の教育は学校だけに任せるのではなく，もっと家庭や地域と連携し合い共同体として子供の成長を助けることが必要であり，これまでの教育のあり方をそろそろ反省する時期にきている。押し付け詰め込み教育は子供の精神面をゆがめることもあり，それが結果としてストレス発散のために平気で人を傷つけてもなんとも思わない精神構造の人格ができてしまう。これから学校も子供が少なくなり「選学教育の時代」で「大学を卒業すればよい」学歴社会でなく，学校で何を勉強したかによる「職業選択」をすべき時代がやってきたのである。これは「採用側」も当然選択の条件とすべきであり，そうすることにより，より高度な知識も吸収が可能となる。これからの日本経済は大量生産方式も必要だが，人力的生産は隣国の中国にはとても勝ち目はないので「頭脳と技」を中心とした技術立国を目指して行くことが必要である。

　そのためには「特色をもった学校選択」を好ましく思う人が，85％いる。「中学や高校でも教育の多様化を図るべき」が77.6％と

教育のあり方の変化を望んでいる人が多い。競争イメージを与える「偏差値」教育から脱却することを望んでいる人が91％と多くの人が望んでいる状況に学校教育を改めるべきである。2002年から学校週5日制が実施され学校教育のあり方が大きく変化する時期に来ており，学校教育基本法の中味と合わせてみてみる必要があるが，改正法にはまだまだ希望通りの中味にはすこし遠いように感じられる。今後も中味の検討が必要であり，知識教育と合わせ精神面の成長を地域とともに実施することが必要である。つまり「知・徳・体」のバランスある成長を「学校・地域・家庭」で社会全体が協力し，連携ある環境づくりが必要である。

6　経済成長の将来

経済成長率の世界全体の伸びでは特に90年に入って低成長をたどってきたが，94年に4％台の上昇をみて以降はほぼ横ばいで推移してきたが98年に再び低成長になった。これは当然先進工業国全体の伸びが大きく影響し94年以降も伸びが停滞したことに原因がある。発展途上国全体ではほぼ6％台の成長率をたどっていたが，98年には一気に下降した。先進国の中でもアメリカは他国に比較し98年も高い経済成長をたどっており世界経済の支えになっているが，欧州地域は日本と同様やや低い成長のままで推移している。日本は98年はマイナス成長となっており，この特徴は90年後のバブル崩壊後の低成長のままきており，例外的に96年は一時的に5％台に上昇したが，これは円安による輸入の増加や消費経済の伸びがあり，景気の根本的な回復ではないため再び低下した。98年には内需も低迷しアメリカとは大きな違いを見せてマイナス成長に

表30 世界の実質GDP成長率の推移

(%)

年	90	91	92	93	94	95	96	97	98
世界全体	2.7	1.8	2.5	2.6	4.0	3.7	4.3	4.2	2.2
先進工業国全体	2.8	1.2	1.9	1.2	3.2	2.6	3.2	3.2	2.0
米　　　　国	1.2	▲0.9	2.7	2.3	3.5	2.3	3.4	3.9	3.9
Ｅ　　　　Ｕ	3.1	1.7	1.1	▲0.5	3.0	2.4	1.8	2.7	2.8
日　　　　本	5.1	3.8	1.0	0.3	0.6	1.5	5.0	1.4	▲2.8
発展途上国全体	4.0	5.0	6.6	6.5	6.8	6.0	6.5	5.7	2.8
ア　ジ　ア	5.6	6.6	9.5	9.3	9.6	9.0	8.2	6.6	2.6
中　南　米	1.0	3.8	3.3	3.9	5.2	1.2	3.5	5.1	2.5
中　　　東	5.6	3.5	6.5	3.9	0.7	3.8	4.7	4.5	3.3
アフリカ	2.3	1.8	0.3	0.7	2.1	3.0	5.8	3.2	3.6
移行経済地域全体	▲3.5	▲7.6	▲14.0	▲7.3	▲7.1	▲1.5	▲1.0	1.9	▲0.8
中・東欧		▲10.7	▲5.2	0.2	3.3	5.5	3.7	3.2	2.9
ロ　シ　ア		▲5.4	▲19.4	▲10.4	▲11.6	▲4.8	▲5.0	0.7	▲5.7
中央アジア		▲5.7	▲18.5	▲10.4	▲11.4	▲4.7	▲3.7	1.0	▲4.2

備考）1 数値はIMFが98年12月に発表したもの（98年は見通し）
　　　2 中・東欧にベラルーシ，ウクライナは含まれない。
　　　3 98年の米国成長率3.9％は米国商務省の発表（99年3月）による。
出所）IMF「World Economic Outlook」

陥り，さらに自動車産業にみられるように国外での現地生産の拡大や発展途上国などへの輸出減少が大きく影響している。一方，輸入数量は着実に伸びているが，特に対米貿易に関しては現地生産の影響が大きく輸出が減少している。今後は欧州地域も同様な傾向をたどることが予想され，さらに外国企業との競争の中で厳しい価格設定など，企業収益等の悪化があり，日本経済の成長に大きく影響している。さらに2001年9月11日，旅客機によるニューヨーク貿易センタービルの同時多発テロ事件後，航空機を利用する人の移動が減少し各種の産業の景気後退が現れ，いろいろな業種に影響がでて

いる。ビルの崩壊によりアメリカの金融界が一時ストップし各種の産業も影響を受けアメリカ経済が停滞したため，日本も大きく影響を受けた。特に日本では航空機を利用した海外への旅行などが減少し，航空会社や旅行業者等の経営が追い込まれた。アメリカの大手の航空会社でも当事国として企業の縮小，他企業との合併等経営の合理化をせまられ，多くの従業員を解雇せざるを得ない企業も出て来た。さらに，事件後アメリカが世界のリーダー国としての威信にかけ，テロ事件の首謀国と見られるアフガニスタンのタリバーンへの報復攻撃を開始し兵器産業がにわかに活発化し同盟国もこれに同調する戦力を行使する姿勢を示した。今後はこれらの産業が注目される。

① **財貿易**

98年は貿易全体も前年対比からすると低調であり，先進地域全体でも伸びは大きくない。しかしアメリカは輸入の伸びが大きく高い率で推移しており，EUはアメリカほどではないが輸出入とも平均的な伸びを示している。日本は輸出入ともマイナスである。今後の日本は，世界市場経済に打ち勝つだけの「物づくり」に徹し，今までと同じ製品作りでは生き抜けない。日本と近いアジアの各国も製品づくりに力をつけてきており，日本の世界市況品価格の下落が大きく日本経済の立ち上がりも遅くしている。

いま一番注目しているのは欧州経済であり，この中の特にヨーロッパ共通通貨（ユーロ）を導入し普及を目指している。アメリカのドルに匹敵するだけの国際通貨として位置づけるべく努力しているが，これもユーロ経済圏の市場経済の安定化により通貨の価値がでるが，まだまだであり，その分アメリカ経済のドルベースが伸びて

いる。EUの景気の要因は，低金利による設備投資の活発化や雇用情勢の改善により内需の伸びが一時的に見られた。特にドイツやフランスは輸出競争力が向上したかに見えたが，米国経済が好調であった影響を受け一時的な対米輸出の伸びが見えた。ドイツは97年後半から機械設備の投資が増加し雇用の拡大により個人消費が好調となり，内需牽引型の景気拡大となっている。フランスも同様な景気拡大で失業率低下や物価安定により個人消費の好調が上げられる。今後は，EU圏内の経済通貨統合として99年1月誕生したユーロの参加国の頑張り次第である。この中で日本が一番懸念しなければならないことは，統一ユーロにより各国間の販売価格などの透明性が一段と高まり価格差が明確になるため，消費者により企業への価格引き下げが高まり，そのため日本からの輸出製品も価格の見直しが迫られ苦しい立場になり日本への影響も大きい。導入後の企業アンケートの結果をみても「価格戦略見直し」「流通・販売活動の合理化」が過半数を占めており価格透明性の高まりを認識している。

　その他欧州企業が取った合理化戦略として生産・物流・販売拠点配置見直しのコスト削減策，合併・提携等による競争力強化，市場シェア拡大策を選択し企業間競争への対応策として行った。さらにユーロ導入の影響についてのアンケートで「買収・合併による企業の淘汰」「業務提携による企業のグループ化」等，企業間競争がさらに多様化し進行すると予測している。ただここで問題があるのは現在の各国間の税制の違いや，労働コスト，社会保障制度の違いなどがありこれが製品の価格にも影響しており，高コストの国から企業拠点の撤退が考えられる。日本企業が労働コストの安い東南アジア等に現地生産に切り替えるのも同様な理由があげられる。ユーロ

圏内でどの程度の価格格差があるかであるが，99年1月調査時でレギュラーガソリンで1.7倍，タバコ2.1倍，ビール3.1倍，テレビ1.9倍，タバコ税の税率でもドイツ，ポルトガル間で15％の格差がある。さらに92年末に欧州単一市場完成により域内投資や資本移動の自由化が進み，企業間競争とともにM＆Aが活発になりアメリカ企業もこれに関与するようになってきた。M＆Aの背景としては自動車・原油・化学など生産規模を拡大することにより量産効果が大きく，研究・開発費用の過大な負担になっていること等が挙げられている。

98年の日本の輸入の大きな減少は日本経済と内需の低迷，1次産品価格等の低下に伴い数量価格の両面で原油の輸入の減少が大きい。さらにアジア通貨の下落の影響による輸入価格の低下を背景とした輸入金額の大幅な減少となった。輸入数量は日本の景気動向により左右され，日本の景気が落ち込むと輸入数量が減少し，日本経済が拡大傾向に向かえば輸入も拡大していく構造に変化することを表している。以前は自動車産業も外国での現地生産が少ない時代は，例えばアメリカの景気が良ければ輸出がどんどん拡大していったが，今は製造拠点を現地に切り替えているためアメリカの景気の影響を受けにくく，反対に輸入は日本の景気の影響を受けやすい構造になっている。

② サービス貿易の動向

日本の財貿易に対するサービス貿易の割合は上昇傾向にある。財貿易に比較しサービス貿易は種類が多岐にわたり，この表は96年に改定された国際収支統計に基づき分類されているが，サービス貿易の構成が4分類から11分類になった。サービス貿易は大きく旅

行，輸送，その他サービスで，さらにサービスは9分類に区分されている。この取引の分類基準はある国の居住者と，その他の国の居住者の間で行われる取引を対象としており，IMFマニュアルの判断基準では「一国の経済領域内に居住，生産拠点などを有し，原則として1年以上にわたり相当規模の経済活動及び取引に従事するかその意志を有する場合」で，企業の海外子会社や海外支店は「所在地国の居住者」と見做している。しかし日本はこの基準と解釈が少し違い，「外国為替及び外国貿易法に基づく諸報告」から作成し，この報告書の居住者の定義では「2年以上外国に滞在する本邦人は非居住者として，6か月以上本邦に滞在する外国人は居住者と見做している」としておりIMFの「1年以上」基準とは少し違う。

今後の国際経済は企業の海外展開が活発になり「多国籍企業」イメージとして，本国と投資先国との間に人・物・金の移動が活発化し相互のネットワークを深め国境の意味合いが薄くいくであろう。自動車など同じ車種でも「MADE IN USA」や「MADE IN JAPAN」があるようになる。つまりトヨタの「ランドクルーザー」でも日本で製造したものとアメリカで製造したものがあるようになる。さらに相手国との経済的なつながりが深まり企業のグローバル化が一層進展していくであろう。

しかし投資国と投資受入国との関係は世界共通ではなく，それぞれつながりに特色がある。結び付きが強いのは日本と東アジア，アメリカと東南アジア，ドイツやイギリスと北欧，ロシアと中・東欧の相互依存関係である。

次の表は2000年の貿易実績の地域別輸出入実績表であるが，こ

れを見てみると輸出総計が51兆7千億円，地域別のトップは隣国を始めとしたアジアの21兆3千億円，当然従来から密接な経済関係のある北アメリカも多く16兆2千億円，西ヨーロッパが8兆9千億円となっている。

　③　平成12年貿易（輸出入）実績［平成13年度「経済白書」より］

　主な品目では機械機器の内電気機械がトップで，集積回路や電気回路用品，電気計測機器，映像音響機器等の順になっている。輸送機械では乗用自動車，自動車部品の順になっている。化学品は有機化合物，プラスチック等が主である。この輸出品を見てみると原料を輸入し製品化して輸出していることがよく分かる。地域別ではアジアが17兆円，欧州が約9兆円となっているが，税制度の違いもあり税引き後の利益を考えるとアジア，北米，欧州の順になり全地域での5割を超えており，利益率も高く日本の企業にとってみれば在アジア現地法人は重要な存在であり結びつきの強さが在欧米法人と比較すると取引の関係に現れている。その理由として3つ挙げられ，①販売面で現地販売が5割以上，②部品等調達面で日本からの輸入が4割以上，③アジアの売上高税引き後利益率をみると96年事例でアジアは3.1％，在欧米現地法人はそれぞれ0.6％と1.0％になっており，アジアが高い利益率を得られるため当然依存度も高い。反面，東アジア地域との結び付きが深いだけにこの地域の経済低迷が日本企業に直接影響があり，一地域の依存度が高いことは日本経済全般の今後の大きな課題でもある。

　輸入では機械機器がトップで内電気機器の輸入が多いがコンピューターや集積回路関連が中心である。鉱物性燃料では原油が6割近くを占めており，次いで液化ガスの輸入が多くなっている。食料品

表31 輸出の部 (主な輸出品)

(単位:百万円)

	計	内輸送機械	内電気機械	機械機器	化学品
輸出総計	51,654,198	10,823,169	13,670,794	38,367,511	3,808,729
アジア	21,254,225	1,240,919	6,868,782	13,817,708	2,276,927
台湾	3,874,042	161,660	969,657	2,566,276	531,310
韓国	3,308,751	71,422	1,071,697	2,012,000	456,592
中国	3,274,448	126,816	899,698	1,797,842	430,304
香港	2,929,696	156,090	1,151,671	1,944,116	253,864
北アメリカ	16,162,440	5,087,351	3,669,124	13,208,514	707,358
米国	15,355,867	4,720,004	3,556,086	12,528,269	689,825
カナダ	805,939	367,348	113,031	680,238	17,497
西ヨーロッパ	8,869,896	1,874,321	2,372,840	7,003,543	588,734
EU	8,431,938	1,686,878	2,322,358	6,719,235	555,091
ドイツ	2,155,178	310,129	749,917	1,721,963	97,181
イギリス	1,598,434	335,420	510,313	1,297,255	74,076
中東	2,265,297	1,193,259	361,732	1,895,030	140,199
大洋州	1,177,126	519,188	148,041	909,661	28,490
中南米	1,109,597	555,162	120,567	879,670	42,353

出所) 通商産業省『通商白書』2001年

では魚介類が全体の3割強で,次いで肉類である。繊維製品は衣類関係が8割を占め,内中国からの輸入が75%にも達しており,これは距離的な近さもあり輸送コスト面からも当然トップで中国からは繊維製品に続いて機械機器で,このうち電気機械が多くさらには魚介類や野菜が多い。アメリカは一国の輸入額としてはトップであり西ヨーロッパは技術的な提携企業が多い。中東地域は当然原油と液化ガスが大半を占めている。

貿易が盛んになれば国にこだわる意識も薄らぎ,国境を越えた企業活動の活発化は貿易の増加ばかりでなく,人の移動の活発化と資金の流れも活発化してくる。貿易が盛んになれば主要外国の為替の

表32 輸入の部 （主な輸入品）

（単位：百万円）

	計	機械機器	鉱物性燃料	食料品	繊維製品
輸入総計	40,938,423	12,923,049	8,316,638	4,963,098	2,643,347
アジア	17,062,690	6,423,078	2,178,074	1,601,589	2,284,504
台湾	1,930,161	1,281,532	2,623	107,450	37,988
韓国	2,204,703	933,814	361,647	192,778	144,720
中国	5,941,358	1,553,818	232,628	633,120	1,800,104
インドネシア	1,766,187	188,613	902,507	121,567	59,143
マレイシア	1,562,726	817,562	350,965	15,818	24,297
北アメリカ	8,727,724	3,921,355	188,412	1,720,724	90,595
米国	7,778,861	3,816,777	119,929	1,493,035	86,764
カナダ	938,485	104,579	68,482	217,092	3,831
西ヨーロッパ	5,548,843	2,300,144	12,072	581,519	238,285
EU	5,042,937	2,081,031	5,726	491,977	232,487
ドイツ	1,371,925	846,690	1,625	37,603	12,159
イギリス	709,180	321,583	396	50,816	21,606
中東	5,328,411	33,787	5,120,187	18,202	8,664
大洋州	1,928,696	40,784	663,023	431,712	2,034
中南米	1,183,276	142,554	50,579	345,694	10,784

出所）表31に同じ

変動も常に注視する必要があり，外国為替市場も活発な動きをするようになる。この為替市場の1日の出来高をみると89年に7,000億ドルが98年は2兆ドルと約3倍近くに増加し，この額は97年の世界の年間総輸出額の3分の1を超える額に相当し，これが1日に動いている為替の変動に伴う資金の額である。国際企業を目指す企業としては為替の変動も常に目が離せない条件である。

④ 内需拡大の要素

今日本経済の活性化のためには内需拡大は大切な要素であるが，内需を活発にするためには雇用の確保は必須条件であり，生活経済

の安定こそ内需拡大の基本である。今それが失業率の高まりの中では消費の伸びも少なく企業側も考える必要がある。企業の労働力の確保は外国人労働者に頼るところが多いが，外国人労働者は金儲けが目的であり，外国人に賃金支払をしてもその多くは本国に送金され日本での内需拡大にはならない。日本に来ている金だけを稼ぐ目的の外国人労働者がさらに増えることになると，内需拡大の伸びは見込めない。国内経済の活性化の一つとして住宅建設の需要増加は大きな条件であるが，外国人労働者では内需拡大が図れる住宅は建設しないので，外国人労働者が多く来れば来るだけ日本経済の活性化は先延ばしで景気拡大にはならない。それを当てにしている企業は間接的に自企業の衰退を手伝っているものである。消費の拡大を図るためには外国人の雇用は日本に永住する目的の外国人でなければ活性化にはつながらないことを国も認識することが必要で，そんなことを唱える国会議員がいないことが日本経済の向上を自ら停滞させている原因者であることを知るべきである。

　現在の日系人雇用に関する法律関係では，あくまでも一時的な働き手を求めているだけで，そのために日本経済の発展をむしろ停滞させている。その点アメリカは夢を求め外国から将来の永住を目的に外国からどんどん労働者が入っており経済の活性化にもつながっている。日本のように一時の収入を得るだけの目的の人をどんどん流入しても，経済は活性化せずここが同じ外国人雇用でもアメリカ経済との違いである。

　日本の外国人労働者は賃金を稼いでも消費するところは本国の外国であり，日本ではないからである。その点中国，香港当たりもフィリピンから多くの人が出稼ぎに来ており，この賃金の本国送金が

フィリピン経済にとっては大きな外貨獲得の一つでありフィリピンの内需拡大の重要な要素の一つである。当然その反面中国や香港経済の立て直しが難しくなっている。これがお互いに同じくらいの貨幣や物価の価値，生活レベルの国同士ならよいが，賃金価値や物価の違いが大きい国からでは高い国の活性化はなかなか難しい。日本で外国人労働者を短期間で雇用する今の方法では，労働者の内需拡大を望もうと思っても無理であり，法律や外国人労働者の雇用制度を改善しない限り内需拡大を図ることは難しい。これが今の経済政策に欠けているところである。少子高齢化時代の経済発展のためには国は政策・制度・法律などの改正を図り，企業は自企業の発展のためには雇用方法の改善や時代を見据えた商品開発，販売方法の改善等，誰を相手にするか焦点を絞った商品開発が必要である。さらに一般の人も少子高齢化時代が自分の将来の生活にどのような影響があるのかよく考えることが大切である。いまの生活は将来にわたって保証されないことをよく承知しておくことが必要で，それぞれが自分の生活をよく認識したうえで将来の生活設計の目標をしっかり定め行動することが要求される時代であることを企業経営者も認識する必要がある。

おわりに

　経済は低迷期から一向に回復が図れず金融機関も不良債権処理の進展がなく，政府指導で金融緩和策や深刻なデフレ対策の検討をしだした。これは経済の活性化が図れなく国民の関心事の方向転換を図るためであるが，一般企業の活性化策ではないため当然一般勤労者の雇用情勢の改善は望めない。国民は先行き不透明な経済環境で消費は伸び悩み，若者は夢のもてない将来にイライラし，それが一部では若者の暴走など精神面のストレスとなり社会問題の原因にもなっている。地域経済も地盤沈下の都市が多く都市の活性化や地域社会も以前と違った対応が迫られている。2002年になっても小泉内閣は国民不在の政治指針が変わらず，特に経済政策に弱い現内閣は国家財政の費用捻出に国民にも痛みを感じてもらうことが必要などといっているが，金融機関の貸し渋りによる企業倒産，人員削減によるリストラなど，国民の生活経済は苦しい立場の人が増加している。しかし，こうした現実を小泉首相は認識していない政策が多く見受けられる。生活苦から自殺者も増加し，その結果，未来ある子供が被害者となっている悲惨な例も多く社会問題としてクローズアップされているが，国の対応がほとんどなされていない現実を小泉首相は全然認識していないなど国民生活に背を向けた政策を行っている。

　さらに国民への負担は増加傾向にある。その一つがサラリーマン本人の医療費自己負担で現在2割負担が2003年4月から3割に引き上げられ，所得税の課税最低限の引き下げで低い収入でも課税され

るようになり，当然，扶養手当など現在より低い収入でもカットされる可能性があり，パートなどで働いているサラリーマン家庭の経済を圧迫することにも成りかねない。福祉の予算不足を補うために生きて行く最低限の日常生活物資でも課税されている消費税を現行5％から2～3％アップされる税制改革も進行中である。

　少子高齢化時代で少子化対策も十分対応できていないのに，高齢者には利子課税優遇措置や高齢者雇用の助成など高齢者対策には援助制度等が多くあるが，これから国を支えていく若い人達に冷たいとしか言いようがない小泉内閣の政策対応である。例えば，低所得者に対する児童手当も所得制限額の変更など国民に対する負担増の政策は増加する傾向が現れ，中年女性の支持率が高いことを逆手にとって国民への負担を増やしだした。この政策のあり方は小泉首相の生活信条と家庭環境（妻の立場が理解できなく，それに我慢できない妻が離婚，その後は妻と子供との関係を断ち切り母子関係も理解しない）をみれば少子化の対応策を考える能力がないことは誰でもわかり，国民は期待できないことを悟るべきであると思う。彼の行動を見ると今まで「天の邪鬼的発想」が多く，自分が権限をもったため自分が主体者であり天の邪鬼として映らないだけで，実際の意識は以前と変わらない自己中心的な思考が残っている。国民のリード役としては性格に偏りがあり，いわゆる外面の格好だけを気にした政策が多い。私たちは，国民生活を理解する能力と意識をよく見て判断しリーダーを選択する必要がある。

　経済活性化への不透明感が国民に浸透し，一般生活者の消費促進は先の見えない生活経済でますます国民は家計を締め自己防衛する以外にない。今の内閣は金融機関には弱く預貯金者へのペイオフ

（定期預金などの払い戻し保証額を元本1,000万円とその利息までとする措置）を2002年4月から実施，国民よりも金融機関を保護する政策になっている。不良債権問題から金融機関の貸し渋りなどによる企業倒産も多く，その結果，企業は手っ取り早い従業員の減員策で経営合理化を図る方策をとりだし，雇用調整のため希望退職者の募集，割り増退職金をえさに中高齢者の退職促進，系列企業に余剰人員の派遣など，国民にしてみれば家計の元の雇用・収入環境が一段と厳しさを増しており，生活防衛意識が高まり無駄な消費を押さえる以外に手段を考えつかない。当然，買い渋りは増加し流通経済は低下し悪循環を繰り返す結果になっており，完全失業率も5.5％を超え，一層雇用不安が蔓延し購買意欲は落ち込んでいるが，国の経済政策に一向に取り組む姿勢が表れてこない。

　これは小泉内閣の経済関係担当大臣の対応能力に不足があり，塩川財務相，柳沢金融担当相や竹中経済財政担当相，さらに平沼経済産業相など経済政策責任者の分権により責任を取る人がなく，小泉首相みずから号令を発しなければならなくなった。自業自得といえばそれまでであるが，そのために国民が犠牲になったのではたまらない。お互いに自分の責任になることを恐れ牽制しあい，積極的な政策が打ち出せないでいるが，これは政策を打ち出す能力に欠けている人が大臣になっていると理解できる行動である。任命に問題があり財政危機の現状が理解できていないのんびり好々爺の塩川財務相，学者で時代が読み切れずしかも以前は1月1日現在の居住先をアメリカに移し課税逃れの行動など，危機管理意識がなく日本経済の実態を知らない理論先行型の竹中経済財政担当相，日銀の下請け意識で銀行の対応に腰の引けた柳沢金融担当相，日本を見限った企

業の海外進出を眺めているだけで製造業の空洞化の対処ができない平沼経済産業相など、要は日本の現状把握ができていない大臣たちばかりである。現政権下では経済の活性化を期待できる要素が薄く失望感は大きい。

　この失望感の最も中心的な要因は竹中経済財政担当相である。彼は、かつての小渕内閣時代に「経済戦略会議」（※98年〜99年に14回開催＝景気対策、財政再建、不良債権処理、雇用対策など多岐にわたる提言した）をまとめた中心的ブレーンであり、この最終報告の内容が「日本経済は2001年度には経済成長力2％強を回復」という夢の見通しを立てた責任者である。しかし現実はマイナス成長である。さらに雇用問題も構造改革と規制緩和で530万人の新規雇用が生まれるといっていたが、具体策も根拠もない非現実的な数字だった、実際は失業者の増加が進んでいる。さらに公共投資を減らせば税収は減少し財政再建にはつながらず、特殊法人改革などといいながら法人が抱える巨額の不良債権の実態も公表しないで、国民を言葉でごまかそうとしている現内閣の経済能力は「素人」と見られて当然である。竹中氏に頼っている経済再建策は小渕内閣時代の前例があり、回復はできないと判断した方が正しいかもしれない。さらに取り巻きの塩川財務相や福田官房長官の今までの言動をみても陳腐な経済発想で、これが政策決定の責任者の一人かと思うと日本経済の回復はますます先行き期待感はもてない。

　企業も経済や雇用の回復がはかどらず経営戦略の一つとして人員整理を行う替わりに、労働時間の分散化により長年働いてきた従業員に仕事を分け与えるワークシェアリングを導入し、少しでも多くの雇用確保をしようとしている。そこで基本給の減額などは労働組

合も承諾せざるを得ない。経営者側と協力し職を失う組合員を少しでも少なくするため選択せざるを得ない状況に追い込まれており，製造業を中心とした企業は人件費の安い中国を始めとした東南アジアに製造工場をシフト化させている。国内では外国人労働者の雇用などますます悪化し生活経済不安があおられており，収入の減少から犯罪に手を染め年々外国人犯罪者の増加が目につきだした。犯罪も窃盗，強盗から麻薬の密売さらに殺人傷害事件など年々凶悪化しており，これも深刻な問題で経済政策が打ち出せない小泉政権の責任でもある。これからの少子高齢社会の政策は小泉政権では現実の理解の度合いが違い，国民の期待している経済政策や若者を中心とした子育て支援策など対応できる方針は期待できない。年金制度もこれから働く人がいて初めて維持できることであり，それには少子化を解決しなければ財源確保ができない。老後は海外に移り住んで年金生活などと優雅なことをいっている人がいるが，国内に居住しなければ課税所得以上の年金収入でも国内での税負担がないため，年金の支給に住所要件を限定する制度改革も今後は必要と思う。今の若者に夢のもてる日本の姿が見えて来ないと，少子化社会の解決と経済の発展はいつまでたっても進展がない。いま日本の進むべき道をしっかり眺め判断することが国民に求められており，リーダーとしての適任者の選択を誤らないことが必要である。昨年（2001年）新聞に「国会議員の成績表」と題して衆議院議員500人と参議院議員全員の働きぶりが掲載されていたが，この多くは一部の利権に対しては働いていると思うが一般国民には平等にほとんど働いていず，民間企業が直面しているように働かない国会議員はリストラすべきである。さらに小泉内閣の目玉である行政改革は国会議員に

も対応すべきで、定員の削減を行い国民にだけに痛みを感じさせるのではなく率先垂範を行い範を示すべきである。国会議員だけ例外では国民には理解されず小心者の遠吠えにすぎない。

　最近の小泉首相はますます自ら責任逃れする言動が多い。国会議員の失言に対しても、発言したことはそれぞれが責任を取ればよいといって指示もしないし、調整をすることもしないで、我関せずの姿勢が見え隠れしている。自分がリーダーであることを認識していない発言と受け取れる。長年組織の中で過ごして来た者では考えられないことであり、国という大きな組織の中ではそれぞれが国民の現状を認識し、その上で的確な指示と調整が必要である。国民ももっと関心をもって国政の行動を見ていくことが自分の生活安定につながることと意識することが大切である。

□ 主な参考文献

厚生労働省『厚生労働白書』『人口動態統計』『衛生年報＝優生保護統計報告』
厚生労働省『人口問題研究所発行資料』『国民栄養の現状』（WTO・UN統計より）
厚生統計協会『国民衛生の動向』『人口の動向＝日本と世界』
ＩＭＦ『World Economic Outlook』
総務省『世界青年意識調査』『国勢調査』
総務省統計局編『世界の統計』
経済企画庁『国民生活選考度調査』『国民生活白書』『経済白書』
農林水産省『農業白書＝食料需給表』
通商産業省『通商白書』2001年
ＮＨＫ『国民生活時間調査』（平成2年）
東京ガス都市生活研究所『日米仏食生活事情』（平成2年）
最高裁判所『司法統計』
日経BP社『日経テーマパーク年鑑95〜96』

（上記文献で年号を付していないものは各年版を参照）

別表1　年齢男女別人口構成

年齢	1950年（昭和25年）				1995年（平成7年）			男性の多い率
	男性	女性	合計		男性	女性	合計	
0	1,182,171	1,133,819	2,315,990	①最大出産	609,216	582,362	1,191,578	4.6%
1	1,286,543	1,236,138	2,522,681		614,989	586,019	1,201,008	4.9
2	1,264,541	1,215,447	2,479,988		606,889	578,374	1,185,263	4.9
3	1,198,969	1,148,008	2,346,977		619,493	588,572	1,208,065	5.3
4	786,266	753,555	1,539,821		619,428	589,912	1,209,340	5.0
5〜9	4,825,426	4,706,239	9,531,665		3,349,827	3,190,844	6,540,671	5.0
10〜14	4,400,387	4,299,530	8,699,917		3,826,968	3,650,837	7,477,805	4.8
15〜19	4,317,567	4,250,101	8,567,668		4,385,775	4,172,183	8,557,958	5.1
20〜24	(3,835,815	3,889,727	7,725,542)	②女性多い	(5,041,228	4,853,773	9,895,001)	3.9
20	802,744	800,066	1,602,810		981,345	937,529	1,918,874	4.6
21	783,719	790,078	1,573,797		1,027,784	981,998	2,009,782	4.7
22	764,479	774,428	1,538,907		1,036,176	999,681	2,035,857	（第二次ベビー）
23	752,413	765,699	1,518,112		1,011,951	977,824	1,989,775	
24	732,450	759,456	1,491,916		983,972	956,741	1,940,713	
25〜29	(2,821,898	3,363,222	6,185,120)		(4,452,125	4,336,016	8,788,141)	2.7
25	674,941	727,321	1,402,262		955,370	927,680	1,883,050	
26	609,884	686,462	1,296,346		937,672	914,494	1,852,166	
27	543,701	673,201	1,216,902	③最大女多	920,132	895,731	1,815,863	
28	507,376	651,224	1,148,600		920,151	895,985	1,816,136	
29	485,996	625,014	1,111,010		718,800	702,126	1,420,926	
30	517,749	653,342	1,171,091		891,348	868,712	1,760,060	
31	437,635	532,345	969,980		834,566	813,381	1,647,947	
32	456,249	546,574	1,002,823		816,403	795,891	1,612,294	
33	465,986	550,679	1,016,665		790,825	772,276	1,563,101	
34	482,621	559,057	1,041,678		780,707	762,346	1,543,053	
35	473,869	541,528	1,015,397		788,702	771,792	1,560,494	
36	488,768	552,877	1,041,645		803,470	787,930	1,591,400	
37	474,335	531,098	1,005,433		782,578	770,107	1,552,685	
38	476,776	535,982	1,012,758		764,634	752,151	1,516,785	
39	462,357	510,483	972,840		806,425	794,432	1,600,857	
40	458,889	491,979	950,868		838,188	823,907	1,662,095	
41	458,870	490,953	949,823		839,141	827,681	1,666,822	
42	446,234	465,168	911,402		894,531	886,632	1,781,163	
43	444,655	453,861	898,516		946,993	940,070	1,887,063	
44	390,307	382,064	772,371	④男性多い	1,008,499	1,000,430	2,008,929	
45	404,955	407,549	812,504		1,088,256	1,080,439	2,168,695	
46	393,991	385,431	779,422		1,200,806	1,190,322	2,391,128	⑥, ①の年齢（第一次ベビー）
47	412,372	405,239	817,611		1,189,535	1,181,836	2,371,371	

48	409,830	401,411	811,241		1,138,015	1,127,009	2,265,024	
49	397,700	386,071	783,771		711,723	710,425	1,422,148	⑦S20生
50〜54	1,719,275	1,669,393	3,388,668		4,421,787	4,500,131	8,921,918	
50	(372,487	364,235	736,722)		(759,251	770,095	1,529,346)	
51					(927,393	942,760	1,870,153)	
55〜59	1,378,661	1,370,368	2,739,029		3,906,621	4,046,859	7,953,480	−3.6%
60〜64	1,109,567	1,194,328	2,303,895	⑤女性多い	3,611,948	3,863,161	7,475,109	−7.0
65〜	1,728,246	2,380,921	4,109,167		7,504,253	10,756,569	18,260,822	−43%
合計	40,811,760	42,387,877	83,199,637	3.9%	61,485,892	63,953,381	125,439,273	−4.0

出所)「国勢調査」(平成8年) 総務庁より作成

253

【著者略歴】

寺田靖男(てらだやすお)

　1941年愛知県豊田市生まれ。65年豊田市役所採用。収納課,人事課,労政課,交通安全課,福利課,財団法人(2所属)派遣などを経て02年3月豊田市役所退職。

　人事・労働行政・福祉・交通安全,都市公園・コミュニティ施設管理等を担当。現在,豊田市勤労者福祉サービスセンター事務局長。

今!人がつくる社会の活性化

2002年10月10日　第一版第一刷発行　　◎検印省略

著者　寺田靖男

発行所　株式会社　学文社

発行者　田中千津子

郵便番号　153-0064
東京都目黒区下目黒3-6-1
電　話　03(3715)1501(代)
口座振替　00130-9-98842

©TERADA Yasuo 2002　Printed in Japan
乱丁・落丁の場合は本社でお取替します。　　印刷所　シナノ
定価はカバー・売上カードに表示。

ISBN 4-7620-1171-1